目 录

第二辑　精工巧艺

第三辑　一脉相传

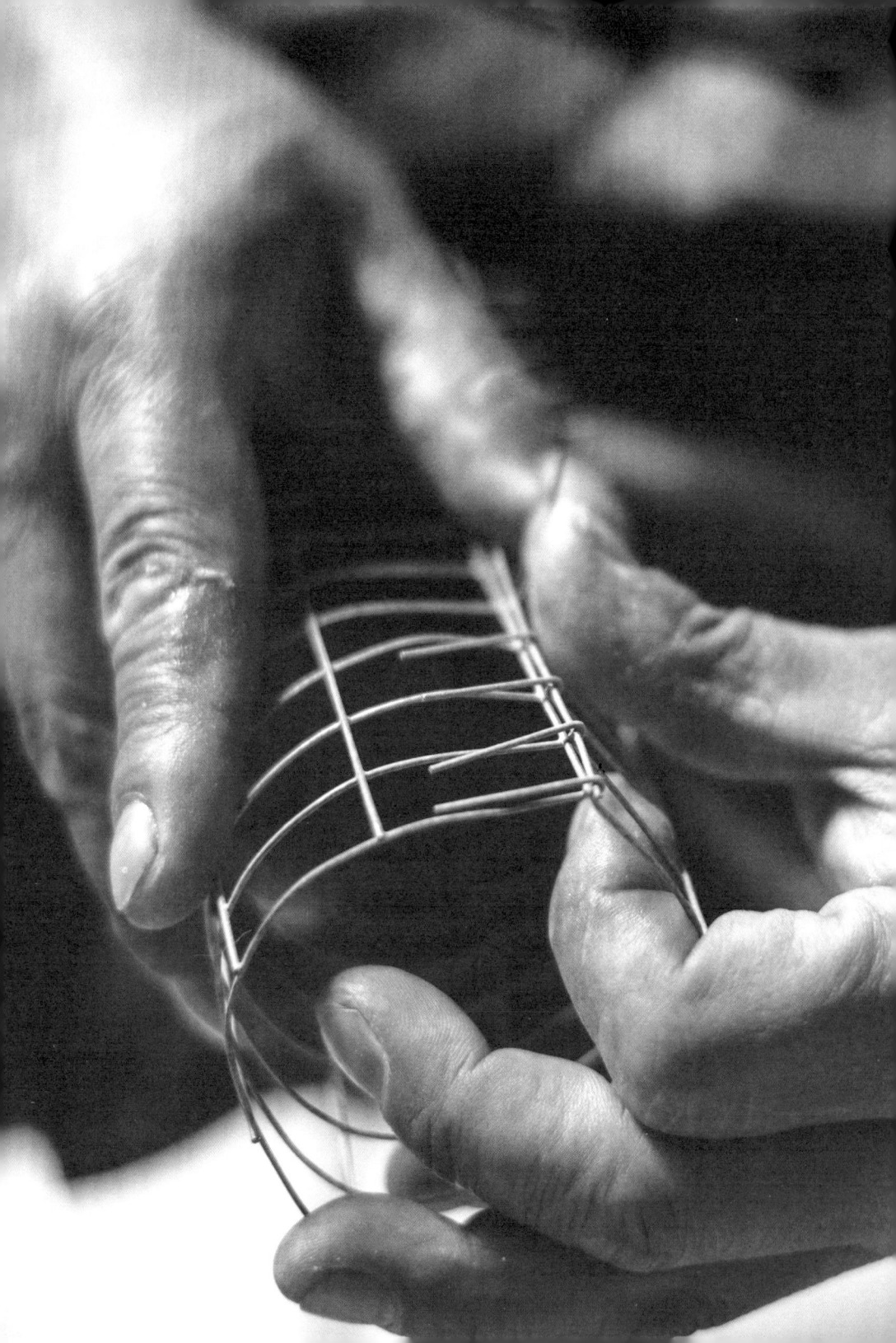

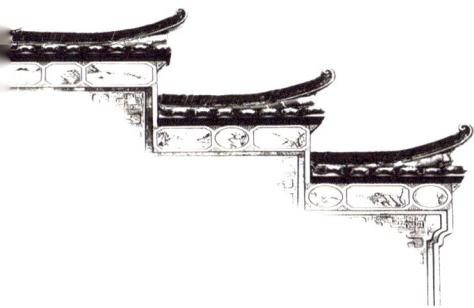

前记　精湛巧艺　薪火相传

北京，艺术之都、文化之都，异彩斑斓。

北京在人类的历史上，留下独具皇城魅力的建筑、技艺、民族瑰宝和艺术风韵。

器以载道。

我们于器上读出天地人和的文化特质，于道中体味万物自然的生命轨迹。

匠艺附载于器物上，形制、纹饰、技艺融合呈现；

器，承载亘古而来的文化；

道，蕴含中华文明的智慧。

大匠、大艺，成为北京大文化的重要组成。

匠艺家用双手为人类留下最为精湛的美器，遵循着为匠做艺之道，让我们得以与先祖穿越时光而阅器相会。

技艺于器上，诠释一个民族的文化寓意与语言，以道而倾诉，流光忆年。

每一个匠艺者都是睿智的，有大智若愚的气度和吞天纳地的情怀，是他们融天地之精华之后，凝聚手中一物的千锤百炼。从一辈辈匠艺者由青丝至白发的沿途上，由朴拙至纯熟的艺道中，荟萃文化的精华。

匠艺者们子丑寅卯着，从一辈辈先人温暖的手上承接下来温暖，再从自己温暖的手上传向下一辈。那传承着、活态着、流淌着的新鲜血液或随着家族延绵，或随着一日为师终身为父的恩德延续。他们是一种以匠艺而形成最紧密的亲族关系。一个个传承群体成为一脉相承的薪火，像蜡烛汇集起民族的艺术之光，璀璨中华大地。

艺道同源，艺说北京。技艺者在说。

无私奉献的普查，挖掘搜集。整理者们在说。

媒体、出版和由此衍生的文化艺术。整个社会都在说。

全民说北京，说北京之艺，赞北京匠艺之道，珍贵而独特。说皇宫的侍匠，说民间的艺匠，说景泰蓝、金漆镶嵌的华贵，说面人、泥人的皇天后土，说皇帝的玩具匏器，说平民的玩意儿鸣虫，说天上飞的风筝，说地上转的空竹……

艺术北京，宫廷艺术惊艳世界；艺术北京，民间艺术让世界惊艳。民族的精神财富，情感的五千年积淀，辉煌于今天的京城。

艺说北京的国之经典和精湛匠艺，由来已久。1942年，中国古文化研究者赵汝珍说："中国开化最早，历史悠久，历代所遗留之文物，精美奇妙，光怪陆离，迥非任何外国所能企及。世人对之，无不崇拜钦迟……"

艺说北京匠艺者情怀，赞之所揽五千年中华文化精粹，彰显北京文化精髓。

守艺于一物一器。

大国典器，璀璨光耀于世界艺术之林，浩如烟海。

杨金凤

2018年9月19日

第一辑

非遗时光

京腔京味儿

京腔是个什么腔，京味儿是个什么味儿？

胡同大妞的二乎？四合院大爷的戏谑？

豆汁儿的浓？焦圈的脆？

把守着家门口的门墩儿，还是屋顶上盘旋的鸽子？

　　刘一达，花了四十年的时间，写了七十多本书，其中他用"京味儿小说语言"写就十四部长篇，六部改编成电视剧，一部话剧《玩家》，北京人艺首都剧场排演，冯远征、梁丹妮主演。

　　刘一达一直在搜集整理北京土话，锲而不舍。

故事始于十六岁那年

　　1970年，刘一达十六岁。他进了北京的一家木制品加工厂，成了一个木匠，每天主要生产铁锨把儿、铁镐把儿、搓衣板、扶梯的木把手，还有老北京澡堂子里的那种木趿拉板儿等一应的木制民用产品。这是一份和语言无关的工作。

　　厂子在西郊海淀区八里庄的北洼路，刘一达第一次进入厂子时，

刘一达在东城区胡同采访

四处踅摸，发现厂子里既没有高耸的烟囱，也没有高大的建筑，唯一有特点的东西是两座坟。这两座坟一座是慈禧太后舅舅的，一座是一个太监的。这两座坟勾起了刘一达的兴趣。恰巧刘一达当时的师傅曾是老天桥的古玩商，他给刘一达讲了很多关于这两座坟和其他做木工活计以外的有趣味的知识。

当时的木制品厂融进了各色人物，不仅有原来皇宫里的太监，还有原来市面上的三教九流，以及一拨军人。刘一达是高中毕业去的，又跟了个对老北京文化知之甚深的师傅，他的眼界一下就开阔了。

刘一达兜里揣着个小本子，随时将听到的七七八八的事儿记了下来。正是那个特殊的群体、特殊的时代、特殊的条件，造就了一个京腔京味儿的研究专家。

二十四年京腔京味儿的沉淀

后来刘一达成了一名记者，他当记者的这二十四年，正好是北京发生巨变的时候。他作为巨变的亲历者、见证人、记录人、传播人，接触了各类改革开放中的新事物，积累了大量生活素材。那时，他在《北京晚报》开辟"京味报道"专版，用他骨子里舍弃不掉的京味儿语言写作，每周一整版，持续了十几年。那时候正值纸质媒体的鼎盛时期，《北京晚报》发行量能达到二百三十万份。而且那时一张报纸，多人阅读，传播量就变得更大了。很多人因为读了刘一达在晚报上的文章成了刘一达的粉丝，这些粉丝"粉"他不但因为他的京味儿表达，更因为他报道的社会热点问题都是老百姓非常关注的。因此，他的专版吸引了大量固定的读者，并由此形成了京味儿语言粉丝群。

这就使得后来刘一达的书往往一出版就被抢购一空，他的京味儿语言书籍成了人们的收藏品。

"我受益于《红楼梦》。这书我看了十几遍，不过没我姥姥看的遍数多，她看《红楼梦》看了三十年，当作消遣，翻来覆去地看，就这样一直持续到一百零四岁去世。我喜欢《儿女英雄传》，痴迷收集京味儿语言和北京土话。老舍、邓友梅、汪曾祺、陈建功、刘绍棠这些作家的书我也都读。"

书里书外的京味儿

刘一达有很多粉丝，是他京味儿作品的追随者。

（一）《人虫儿》送到殡仪馆

有一次签售《人虫儿》，在王府井新华书店，排着大队，创下了王府井新华书店签售活动的纪录，两个小时签名三百八十多本。

轮到一位三十多岁的女读者把书递到刘一达跟前，说她母亲是北京人，追读刘一达的作品二十多年了，现在因癌症住院，她来现场是帮母亲实现心愿的，求刘一达在书上多写上几句贴心的话。刘一达起笔在扉页上写下："生命的意义不在于索取到什么，而在于留下了什么。"

签名售书活动结束，那个女读者还在等着他，有些忐忑不安地

刘一达在什刹海采访

说："刘老师，我还有一个奢求，特别想让您到医院看看我母亲，她真的是您的忠实读者，我想病床上的她如果能看到您，今生将无憾了。"刘一达记下了病人所住的北大医院，答应第二天去，不巧，第二天刘一达临时有事儿，第三天准备去医院前给女读者打电话，对方说："刘老师，我母亲已经走了，她看到您写给她的那句话了，她是昨天夜里去世的。"刘一达顿生遗憾，沉吟半晌后说："这样吧，你母亲出殡的时候，我一定去现场送行。哪天？"

刘一达前往八宝山送行，把带来的一本《人虫儿》搁到逝者遗体旁边，书的封面上写下"希望您在天国，吉祥安宁"。

（二）知情说理

签名售书活动，会遇到各类读者。

有一次举办《北京老规矩》签名售书活动，一位七十岁左右的女读者买了几本书，一直等到整个活动

结束。她上前跟刘一达说，她住在清河，正在拆迁，家里兄弟姐妹六个，因父母财产闹起了纠纷，想请刘一达出面给调解调解。当时已经是晚上六点了，女读者非要跟刘一达聊聊。于是从晚上六点一直聊到晚上八点。刘一达先是提议他们开个家庭会，对方说一家人现在见面就眼红了，开不起来会；刘一达又问他们家里谁能主事儿，他可以跟主事儿的见一面谈谈；第三个主意是去北京电视台《第三调解室》栏目进行调解。

"刘老师，您的主意我回去跟兄弟姐妹们商量一下。"女读者说。

过了两天，刘一达接到女读者的大哥打来的电话："我当大哥的不对，没起到当大哥的作用，看了您写的《北京老规矩》，我挺受益的，咱北京人讲究个面儿，家丑不外扬，我们家的事儿其实互相让让就得了。谢谢您这本书，书的作用还是挺大的。"

北京老规矩，咱北京人知情达理。

（三）既签名又牵线

刘一达在西单图书大厦签名售书的次数比较多，两次遇到求牵线的，有一次是一位杨姓女士，签完名后执意请刘一达吃饭，被刘一达一再婉言谢绝。

"您给我留个电话行吗？瞧您慈眉善目的，特别和善，有点事儿想麻烦您。"盛情难却，刘一达给这位女士留了个电话号码。

2017年春节前，刘一达接到了这位读者的电话："刘老师，我要去看看您，我有点事儿。"刘一达回忆半天才想起这位读者是谁。春节，天还特别冷，她带着一个孩子，离婚了，她说："看您说话和

刘一达为读者签名

气，您认识有文化的人，您身边跟您同龄的，您帮我张罗一个。"

刘一达满口答应，后来真就给牵过线儿。

同样是在西单图书大厦，《玩家》签名售书活动现场，一位从五十多千米外的燕山赶来的执着的读者给刘一达留下了深刻的印象。签售活动结束两天后，刘一达在国家图书馆讲座时，这位读者又来了："刘老师，我知道您忙。我女儿从美国回来了，二十八岁了，不愿意找对象，您能不能给她做做工作，您给介绍一个也成。"刘一达热心肠，真就给介绍了一个男孩子。他们当年年底就举行了婚礼，还特意请了刘一达做主婚人。

精艺博学篆刻家

七十多岁的人在微信圈"火"了，以前没"火"是因为以前的收藏没现在这么热。因为收藏的火热，郑怀忠也就炙手可热，成了"鉴宝"专家。他说自己谈不上权威，靠的是一辈子的经验。他的经验在篆刻上，也在天南地北往来的"寻玉"上。优酷借"火势"邀约郑先生拍摄了五十二集《老郑说玉》的节目。人们说郑先生："谈笑有鸿儒，往来无白丁。"

郑怀忠先生退休前是北京印章艺术总公司总工艺师。他还是中央电视台鉴宝栏目特约鉴定专家、中国文物学会文物鉴定委员会委员及玉器、青铜器、杂项类的鉴赏专家。

与篆刻结缘的家庭

"一辈子，都跟印打交道了，本行。"郑怀忠先生本行是篆刻。

"我爷爷叫郑永祥，当年从内蒙古锡林浩特，赶着羊来的北京。以贩羊为业，后来在德胜门外的冰窖口安了家。我就是在那儿长大的。我爷爷有三个儿子，我父亲郑菁华行三。父亲喜欢篆刻、书法，还开过一个刻字的铺子。"

1956年"公私合营"，郑怀忠父亲的铺子归到了北京刻字厂名下，郑父也随之进了刻字厂。"当时在东安市场有个门市部，我父亲进去还是干老本行——刻字。"

在人类传承方式中家族式传承最为普遍。郑怀忠兄弟四人，郑怀忠和他四弟郑怀宝从小耳濡目染，继承了父亲的篆刻技艺。郑氏家族三代人里，有四个从事篆刻艺术。"现在我儿子郑光宇也搞这行，他七岁开始跟我学书法、篆刻，今年四十四岁了，一门心思就钻在这里头，痴迷。"

郑家三代，出了四个书法、篆刻家。

郑怀忠十八岁便来到老字号"萃文阁"学艺。"萃文阁"的老东家是魏长青——京城篆刻业名家。在"公私合营"的时候，"萃文阁"也归到了北京刻字厂名下。

郑怀忠跟魏长青学艺，非常佩服师傅。"天安门广场人民英雄纪念碑上的'人民英雄永垂不朽'，就是我师傅魏长青刻上去的。每个字两人多高，我师傅用了一个多月的时间，使用了'放大样'和'喷砂法'，才解决了这个难题。他还发明了'八宝印泥'，这种印泥书画家们都喜欢用，现在好多人也还在用。"

郑先生学艺

郑先生的篆刻水平，可以达到以假乱真的水平。1976年，北京鲁迅

郑怀忠在录制《老郑说玉》

博物馆找到了郑先生，想让郑先生复制两枚鲁迅的印章，用作展陈。"这两枚章，一枚有七八厘米高，是金星石玻璃料，白文，刻的是'鲁迅'二字，这枚章的原件是当时许广平在广州找人刻的；另一枚是浙江青田石的料，三厘米见方。我一个星期刻好的。鲁迅博物馆的人来取，我拿出两枚章给他们，他们以为那是原件，其实那是我刻的。当我告诉他们真的在盒子里呢，他们大吃一惊，说复制得跟真品一模一样，真假难辨。"

郑怀忠认为："篆刻是书法和雕刻的结合，印刻得好、漂亮，那得书法底子扎实，两门艺术结合，才能出好东西，不然只是匠人，不是艺人。"

作为篆刻载体的石料选择

篆刻艺术的载体之一是石头。郑先生曾有一段时间搞供销，走南闯

郑怀忠印章

北，给单位采购印章篆刻的原材料——石头。"全国凡是产石头的地方基本都去过。不能让国家受损失，要懂石头，能鉴定石头的真假、优劣，哪种石头值多少钱，这些都不能含糊。"经过那段走南闯北的日子的磨炼，郑先生练就了火眼金睛。

对于石料，郑先生更是满腹经纶。"故宫博物院的清代档案里，详细记录了官员到新疆选玉料和新疆官吏向朝廷进贡玉料的情况。"玉石文化，是京城文化中一门深奥的艺术。人们说他的慧眼，来自于五十年的经验和学识。

天南地北的石头，外行看着可能都一样。"那可不一样，每种石头、每处产地、每座矿脉、每块石头的成分都要了如指掌，看外观，

郑氏篆刻传承人郑光宇

鉴别硬度，好多专业知识呢。"

二十年前他就应邀到中央电视台"艺术品投资"栏目做《宝玉石造假大揭秘》中的田黄石、鸡血石的作伪和多集寿山石印章艺术的节目，并在北京电视台财经频道做《印章与篆刻》《老字号的印泥制作》等节目。十年前，曾客座北大资源学院和北京东方大学，主讲印章与篆刻、中国印石、中国玉文化发展史和杂项鉴定。

篆刻技艺是国之精粹，是以石材为主要材料，以刻刀为工具，以汉字为表象的，由中国古代的印章制作技艺发展而来的一门独特的镌刻艺术，至今已有三千多年的历史。

郑光宇篆刻书法

鉴画积微成万章

北京有故宫，故宫里珍藏着历代诸多的名画，朱万章是隔空与那些画家殷殷对话的人。三十年，他把远隔千百年的艺匠心语，汇集成书，告诉我们画作中的那些秘密。从浩如烟海的画卷里铺展开来，朱万章把自己的画定格在一个具象吉祥物上——葫芦，他专画葫芦画，满幅的福禄万代。

1992年起，朱万章供职于广东省博物馆，从事明清以来书画鉴藏与研究、美术评论、出版、教学及展览策划等，2013年7月调到了中国国家博物馆，其中有近十年的时间与苏庚春先生学习书画鉴定。埋于书画三十载，阅赏浩如烟海的中国绘画、书法艺术，著有《书画鉴赏与美术史研究》《画林新语》《画里晴川》《鉴画积微录》《一葫一世界》等近三十本书画集。

闻墨赏古三十载，鉴画积微成万章。

"桃源仙居"鉴真伪

"记得读大学的时候，读到梓行20世纪30年代的一篇文章，讲的

清·冷枚《策蹇远游》，绢本设色，北京故宫博物院藏（朱万章提供）

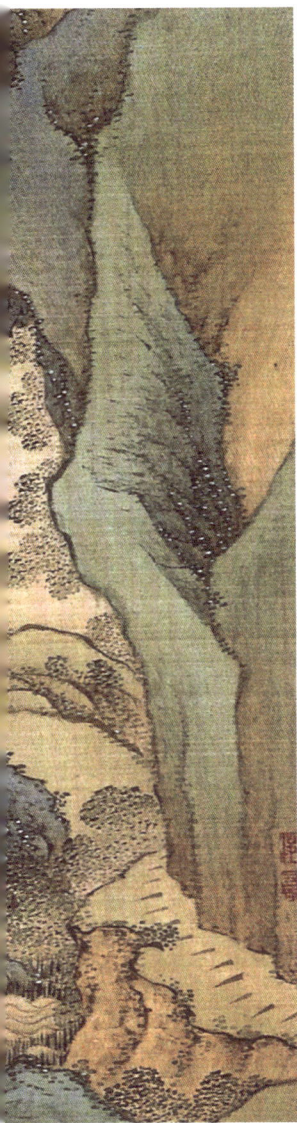

是《桃源仙居图卷》和它的创作者南宋画家陈居中，文章旁征博引，考证翔实，有理有据，图文并茂，一下就打动我了。我那时候特别渴求了解宋画。"朱万章说。

大学毕业后，他分到博物馆工作，一个人在不见天日的库房里如饥似渴地看着一件件几百年前的国宝书画，一看就是十八年。

"饱游沃看，耳濡目染，我跟随书画鉴定家苏庚春等名宿研习书画鉴定之学。回头再看那篇我当时认为是雄文的文章，才发现那《桃源仙居图卷》根本就是一件赝鼎。"

如何纠偏和正确地解读古画？

在以往的美术史研究和鉴画的文字中，有多少存疑或陷阱？

困惑之后，他确定了自己的鉴藏研究方法。"我对于书画鉴藏的研究，往往是考据与实物鉴证齐头并进。通过用文献溯源其流，用实物以定其真赝的方法进行研究。"他说，"两相结合，或可得其万一。"

小葫芦里的大世界

谈书鉴画，在他广博的书画鉴藏中，最典型的就是对葫芦画的研究。"葫芦虽小乾坤大，我不但研究了不同年代葫芦画作的风格特征，写了许多这方面的文字，也画了不少葫芦画，出过画集。"朱万章画的第一张葫芦画，现在挂在中国国家博物馆的走廊里，画面左侧是一只金色的八宝葫芦，右侧藤蔓颜色采用了大笔的深紫色，有人曾经问过他："为什么葫芦的藤蔓用紫色？"他说："我印象里，童年时看到过奶奶种在院子里的葫芦藤蔓就是紫色的。"但在实际生活中，我们几乎未曾见过紫色的葫芦藤蔓。我想，或许当时正好葫芦与紫藤于一架上让朱万章错认了，也或许这是朱万章童年时代对于植物之美的梦幻，不管怎样，这是童年记忆最美的颜色。

朱万章有个微信公众号"一葫一世界"，他把鉴画成果写成文字，进行传播，且在《中国文化报》等各种媒体刊发，或集印成书。

他有一篇鉴画文章《清代人物画中的葫芦》，一共分析了包括北京故宫博物院、中国国家博物馆以及澳门、香港等地的多家博物馆收藏的二十张葫芦画作，信息量大，每个画作均有翔实分析，包括画作上的题诗也做了辑录，从中可以窥见他博采、严谨的学术态度。

其中他在对故宫藏品《策蹇远游》的鉴赏中写道："一老者头戴草帽，骑驴行于溪山，一书童着青衫，肩扛大葫芦，疾行追随其后。

第一张葫芦画：朱万章《紫气东来》，纸本设色，69 厘米×47 厘米，2012 年

两人乃山间行旅，山势嶙峋，杨柳依依，旁则水流潺潺，野花盛开。这是清代康熙、雍正年间的宫廷画家冷枚在其《农家故事图册》（北京故宫博物院藏）中描绘的山中一景。"

鉴赏让画不再只是画

通过他对画作的鉴赏，我们能够了解画中当时的民俗。其中最经典的是对一张和台湾相关的清代画作的鉴赏。这张画叫《渡溪》。朱

2007年5月2日，朱万章在香港中文大学做访问学者期间，赴饶宗颐学术馆就元人菩提叶经文问题请教饶先生

万章说："这张清代的《渡溪》图上没有作者，目前收录于北京故宫博物院藏的清代无名氏所绘的《台湾内山番地风俗图册》中，描绘了乘屋、牵手、种园、馌饷、获稻等二十四种清代台湾地区山村常见的风俗生活。其中《渡溪》一图描绘的是当地居民在水中推着乘坐朝廷官员及随从的木筏渡水的情形——水面宽阔，两岸山石古木相对，水流平缓，水中两人赶着两头牛前行，另有三人在木筏前导航，两人背着葫芦，以防溺水。"

该画图对开，有题跋如下。"渡溪：水沙连社，地处大湖之中，番人驾蟒甲以通往来。蟒甲者，独木舟也。熟番居处山外，溪无舟楫，水涨时腰挟葫芦浮水径度。惟官长、兵弁至社，番人结木为筏，数十人擎扶而过。"朱万章从中了解到了很多台湾文化的信息："这个题跋将此地渡溪的交通状况交代得至为清晰。在此图中，葫芦是作为渡水器具而存在的。葫芦的这种特殊实用性功能，在清代人物画中，极为罕见，我也是仅见此一件而已。"

鉴画研究，必须要寻找其中的规律与画风和时间节点。"清代人物画中的葫芦形象，多为画中主人的配角。以葫芦作为画中主角，则只在'扬州画派'以花鸟蔬果为题材的画作中才可见到，且并不盛行。直到清末以后吴昌硕、齐白石的画作出现，才使葫芦的'配角'得到根本性改变。葫芦作为一个兼具实用性和象征性的蔬果，承载着吉祥文化的内涵。从民间文化、世俗文化和吉祥文化等多角度去解构作为配饰的葫芦，发现其中所蕴含的文化符号已经远非其生物功能所比拟。"

在朱万章的鉴画研究中，葫芦已经"跳出绘画的视野……其价值

与意义早已超越其绘画本身"。他给人们呈现了画作以外的优秀中国文化内容，其撰写的《小题大做：齐白石葫芦绘画研究》一文，更是在分析了齐白石葫芦绘画的类型、艺术特色后，对葫芦文化与画作的创作背景进行了相融相承的解析。

视界亦无变

工匠，传承了手艺与文化，持守在专注与精艺中。当那些技艺者从历史的深巷里、从广博的民间中走进人们视野的时候，我们可能不会想到他们背后那些帮助工匠们彰显才华与匠艺的人。他们同样持守着属于自己的"工匠精神"。

同一精神体系的人群

"喂，我们走错路了。房山好像有两个水峪村，我们这里是坨万路上的水峪村。到南窖乡的水峪村还有差不多四十公里呢。"

当我已开车先行到南窖乡的水峪村时，接到了武馆长的电话，知道是石振怀馆长开车走错了路，当时那辆车上还有老魏。老魏，魏晋华，退休前在海淀区文化馆负责非物质文化遗产工作；武馆长，武良田，退休前是原崇文区文化馆副馆长，主管"非遗"工作；石振怀，退休前任北京群众艺术馆副馆长，主管全市"非遗"方面的具体工作。这三位都是2003年起北京市最早从事"非遗"工作的老伙伴。虽时光更迭，他们已经退休多年，但还时不时地聚在一起谈天说地。他们就是从那时结成的友情。

房山区南窖乡水峪村，有一支女子中幡队，已列入北京市级非物

质文化遗产项目名录，此行是为该项目而来，四个退休的人，开车往返近两百公里，只为大山中的这支女子中幡队。石馆长他们是进行北京《水峪中幡》成书的调研，我是为"京腔京韵话北京"丛书之《守艺·一脉延承》一书采访。

几经波折，几个人最终来到水峪村。我们走在历经六百年历史的古街上，穿过老砖垒砌布满青苔的过街楼，仿佛还能看到青石板的路上投射着百年前的一幢幢幡影，遗存的屋檐房瓦上仿佛回响着中幡上那清脆的铜铃声。

爬坡、辗转，几个六七十岁的人，不辞辛苦来到了杨天凤、王桂玲夫妇家，站在百年老房里，听近百岁的老人讲大山里前辈耍中幡的故事。"我们这一条沟都姓杨，早年间耍中幡的队伍就从这条沟走……"老人滔滔不绝，说着关于这个古村与中幡的过往。

很遗憾，来得仓促，没能给老人带些营养品，石馆长呵呵笑着，从兜里掏出钱来，算是给老人的一点心意。耳背的杨天凤躺在老土炕上，脸上露着笑容。

那一天正好是五四青年节，微信圈里，朋友们发了各种回忆青春的信息。而我们在回城的路上，回望连绵不绝的崇山峻岭和那一段接着一段回峦盘绕的山路，不禁思忖，这或许就是我们这批最早从事北京非物质文化遗产保护工作者们的"青春"历程吧。深藏于民间的非物质文化遗产犹如这富饶的大山，资源不竭，而我们这些人虽已退休，却没离开曾经的岗位，视界无变，我们骨子里藏着一般人扳都扳不过来的执拗。

从2003年"非遗"项目的普查申报到今天各级保护名录蔚为大

观，其中浸透着无数非物质文化遗产工作者默默无闻的付出。他们没有珍贵的传承项目牌匾，没有像传承人那样见诸各类新闻媒体，但他们在历史长河中留下了自己的脚印，在保护北京古老文化血脉的路上延续着情怀与精神……

难于初始，贵在坚持

2004年，在门头沟中粮龙泉宾馆一个很大的会议室里，聚集了全市文化委、文化馆负责民间文化保护的工作者。台上，专家们讲什么

叫非物质文化遗产，讲古老的扇子和现代化生活中空调的关系，讲韩国正在申报端午节成为联合国《人类非物质文化遗产代表作名录》的遗产项目，讲我国大量珍贵的非物质文化遗产在成批量地被运往国外……

在场的人，大多数还是第一次接触"非物质文化遗产"这个概念，台上的赵书、宋兆麟、孙凌平等专家和领导掰开揉碎地讲解着，下面的听者闷头快速地记录着，就是这些人，后来成为北京市非物质文化遗产普查、搜集、整理、申报、保护工作的中流砥柱。

来听几位专家讲座的基本是文化馆干部，他们听完讲座后就开始投入到本区域内非物质文化遗产项目申报工作中，但在开展实际工作中才发现没有前车之鉴，于是只能求教。找谁呢？当时任北京群众艺术馆的副馆长、主管全市非物质文化遗产保护方面工作的石振怀正是上佳之选。

对于这些负责申报工作的干部来说，最难的是根本不知道本区域内哪些属于非物质文化遗产。于是他们拉出长长的项目单子，请石馆长一个个帮助分析，哪个先期申报，哪个暂缓申报。

论证会，除了提供五千字的论证报告，还要为申报项目提供相应的照片和实物。多数传承人只是手艺上有传承，但具体的历史资料和实物保留下来的不多，百年以上的实物很好保留下来的更少。有些传承人不善言谈，有些传承人家族有矛盾，有些项目非常好，但传承人自己申报不积极……各种问题迎面而来。工作者们千方百计，就像要挖自己宝贝一样去启发、鼓励他们。

2004年到2018年，十四年过去了，北京有一百二十六项进入国家级非物质文化遗产名录；二百七十三项进入北京非物质文化遗产名录；七百七十八项进入区级非物质文化遗产项目。

"石馆长他们也挺辛苦的，做这个工作不容易。"北京鬃人项目传承人白大成老先生说，"2006年文化部在国家博物馆举办非物质文化遗产成果展，全国的优秀项目荟萃京城。北京有景泰蓝、风筝等项目参展，北京群众艺术馆负责北京非遗项目筹备。有一天，石馆长突然打电话找到我，据说有领导问起过，为什么没有鬃人。当时我带着儿子正在首都博物馆看展览呢。听到这个消息后，我们赶紧赶回家。很快石馆长就来到我家，都没顾得上吃中午饭，便又赶去国家博物馆的展场。当时进展场程序很麻烦，但在石馆长带领下我们一路畅通。

非物质文化遗产项目评审专家论证会。左起：张迁、石振怀、刘燕

其实那天石馆长总共来了两趟，而且从国博到我们家，路也不近呢。第二天我和老伴再去国家博物馆，陈海兰见到我就说，石馆长找他去了，并告诉他鬃人是能动的，让我马上把盘子（注：鬃人是一种纸糊的戏装小人，鬃人表演时要放在一个大铜盘上）拿去给他，我和老伴便回来给他拿盘子。成果展开展的第一天，《北京晚报》就报道了北京鬃人的项目，第二天，中央电视台也报道了北京鬃人的项目。我们挺感谢石馆长他们的，为了项目，他们挺辛苦的。"

北京有很多传承人像白大成先生一样，心存感激，敬佩那些像石振怀一样，默默无闻为了北京非物质文化遗产的传承而耕种福田的工作者。他们或许称不上"烛照心灵的圣者"，但他们都是蜡烛，汇聚出最灿烂的光彩。

燕山猜想记

　　"全聚德"里有这样一个人，他非要把全聚德的历史查询全了，把全聚德的各类人员的聚散离合搞清楚了，把全聚德的"德"在何处挖掘出来。针眼大的线索他都使出"牛劲"追根刨底，乐此不疲。

　　"策划全聚德的未来，就应该知道全聚德过去是怎么走过来的，要不忘初心。全聚德的初心是什么？就是不仅要站在今天看明天，还要了解昨天。"一直在不断破译全聚德历史传承基因密码的教授李燕山如此说道。

　　李燕山1981年考入北京师范大学经济系，攻读政治经济学。1985年大学毕业后，被分配在北京市委工作。1988年调入中国贸促会北京分会。1991年底前往南美洲巴西，在圣保罗大学（USP）经济与工商管理学院攻读市场营销专业。上课时教授讲葡萄牙语，课下阅读参考书是英语，而他的思考又是中文。多种语言交织在一起，听上去有些怪怪的，但大量的工商管理案例和理性思维，对他后来的工作研究有着很大的裨益。

　　1997年2月李燕山回国后，应聘到全聚德集团公司企业策划部。自此，他开始了长达二十年的"李德巴赫猜想"。

老照片中挑杆师傅是谁

1997年李燕山刚到全聚德公司工作的时候，看到一张20世纪三四十年代烤鸭师傅站在炉前用挑杆烤鸭子的老照片。

炉门两侧还贴着一副对联。上联是"金炉不断千年火"，下联为"银钩常挂百味鲜"。照片上的人物是谁呢？李燕山问了全聚德的老师傅们，他们也说不清。李燕山又翻阅资料，也没有找到答案。

他根据这张照片的拍摄年代，推测此人有可能是全聚德第三代烤鸭师张文藻。他找到张文藻20世纪50年代的一张侧脸照片进行比对，发现人物的侧脸轮廓，包括眉骨、颧骨的位置、形态等都吻合。

这张老照片是谁拍摄的呢？李燕山在书店里买了一本名为《洋镜头里的老北京》画册。书中刊登了这张老照片。老照片是当时在北京工作的德国女摄影师赫达·莫理逊拍摄。

若干年后，李燕山在网上看到一张与此照片人物、角度相同，但场面更大的老照片。他随即推断，这位女摄影师至少同时拍摄了两张照片。

另一张照片场面比较凌乱，其艺术性比不上书中那张照片，但信息量很大，史料性很强。炉门下方靠墙立着火钩、火钳等工具，地上还有一小堆儿炉灰。他还根据炉边靠墙斜戳着四根长短不一的烤鸭杆进行判断，得出结论：全聚德自开业以来一个师傅只带一个徒弟的"单杆"相传到此时已发生了变化，发展为"多杆"相传了。

全聚德第三代烤鸭师傅张文藻

全聚德的首位职业经理人（CEO）是谁

全聚德第一任掌柜是创始人杨全仁，他于清同治三年（1864年）创建了全聚德；第二任掌柜是杨全仁的次子杨庆茂，他于光绪二十六年（1900年）将全聚德翻建成二层小楼；第三任掌柜是李子明。

李子明是山东荣成人，民国初年来全聚德学业务，后被杨庆茂聘为二掌柜。1930年杨庆茂病逝后，东家没有合适的人选当大掌柜，于是推选非杨氏家庭成员的李子明担任大掌柜。"该人当了全聚德掌柜，标志全聚德所有权和经营权发生了分离，生产方式发生了质变，所以称他是全聚德的首位职业经理人，也就是现在说的CEO了。"

"饭馆要人扶，全靠柜堂厨（即掌柜、跑堂和厨师）。"李子明当了大掌柜，先把柜、堂、厨这三方面能人提拔起来，管理得井井有条，并反复强调"鸭要好，人要能，话要甜"。在这句生意经的指导下，全聚德的生意在20世纪30年代越做越红火，使全聚德坐上了京城烤鸭的第一把交椅。

由此，李燕山提出自己的观点："'非遗'不应只是技艺，'非遗'应该是一个大概念，上述管理经验和经营诀窍更应是全聚德非物质文化遗产的重要组成部分。"

此人到底是不是二掌柜

"我二爷以前是你们全聚德的二掌柜。他现在还活着呢，已经一百零三岁了。他手里有一张你们全聚德的老照片，你们要不要？"2001年春节后，全聚德公司办公室的同志接到一个从山东青岛打来的电话，接电话的同事有些疑惑，请对方把照片寄过来看看。

李燕山得知此消息后，向领导提议，不妨去看看。还没等李燕山启程，打电话的人正巧从青岛来北京出差，把这张老照片的复印件拿到了全聚德公司来，并告诉李燕山，合影前排右二人物就是他二爷、中华人民共和国成立前全聚德的二掌柜。

审视这张1939年的合影照片复印件，李燕山问："您怎么证明这张照片是全聚德的伙计呢？"对方说："我二爷活着呢，你可以去老家采访他。"

次日，李燕山拿着来人留下来的那张照片复印件，找到当时健在的全聚德最老的退休职工杨文进师傅，请他辨认照片上的二掌柜。杨师傅说不认识此人，李燕山让杨师傅辨认照片上的其他几位人物，杨师傅却都能说出他们的名字来。李燕山非常兴奋："我猜想这人八成是全聚德的，杨师傅不认识其中这个人，不能排除他不是二掌柜。"

李燕山与同事到山东探询照片上的二掌柜。见到老人后，李燕山详细询问了老人的经历，得知他是1917年来北京全聚德的，赶上了

1939 年春节，全聚德二掌柜李之植（前排右二）、三掌柜李景湘（前排右三）与部分伙计的合影

张勋复辟。二掌柜刚开始在柜上学业务，后来李子明提拔他担任二掌柜，直至1939年底李子明病逝，他也就离开北京，返回老家。老人还说出了照片上其他几位人物的名字，与李燕山临来前在北京与杨文进师傅辨认的人物名字完全一致。李燕山听后确定无疑。临走前，李燕山还特意让老人在一张信纸上留言："祝全聚德生意兴隆！"

返京的路上，李燕山又在琢磨，为什么杨文进师傅不认识这位二掌柜呢？于是李燕山二次登门，走访杨文进师傅，得知杨师傅是1940年2月来全聚德的，二掌柜正好年前刚走，自然没见过这位二掌柜。

寻找小鸭童

李燕山痴迷于寻找全聚德的老照片。一次他在网上见到一张标注为"北平养鸭场"的老照片，引起了他的注意。但发帖者错将老照片背景的永定门城楼说成是正阳门城楼。分辨二者的关键要看房檐，正阳门城楼上下重檐基本一样宽，比较协调，而永定门城楼重檐上窄下宽，很不协调。李燕山凭借自己积累的知识，马上回了一帖，指出"这不是正阳门城楼，而是永定门城楼"。

"这家养鸭场有可能是全聚德鸭子供应商。"李燕山做了大胆推测，并跟总经理说了此事。

"你根据什么判断他是全聚德鸭子的供应商呢？"总经理问。

李燕山说有两个依据，第一，一个是有一定规模的鸭子供应商，而全聚德是有一定鸭子需求的需求方；第二，从此鸭场出来，进永定门，经过天桥大街就到了前门，两者之间就四五里地的距离，运输方便。

总经理听后觉得有道理，接着又问："这些人还在不在啊？"

李燕山指着老照片里前排居中蹲着的小男孩说："如果这个小鸭童身体健康的话，现在应该七十岁左右，可以把找这个小孩作为突破口。"

突破从《北京晚报》开始，全聚德联系报社，将照片刊登在两家的报纸上，题目为《全聚德寻找当年的小鸭童》，并留下了联系电话。

大网撒，重点抓。全聚德公司经过筛查，最后锁定了现居住在回龙观小区的来增禄老人，李燕山随即登门拜访。

老先生激动地说："报纸上刊登的那个养鸭子小孩是我。"并找出家里珍藏几十年的仅有的一张已残角的小照片，验明正身。老先生还向李燕山介绍了与合影照片中的其他几位人物的关系，"中间老者是我爷爷，旁边是我爸爸，再旁边是我哑巴伯伯，还有我母亲、哥哥、大姐、二姐。"

据来增禄先生回忆，1948年底，为和平解放北平（现北京），也为了防止国民党士兵利用永定门楼下的养鸭场突围，在解放军的协调下，养鸭场被拆除。

后来，来先生在全聚德的感召下，编写了《皇城根下的养鸭人》，再现养鸭场历史。

为全聚德供鸭的小鸭童（前排中）一家合影

李燕山（右）与当年的小鸭童来增禄

这张老照片里的人到底是谁

几年前，李燕山在网上发现了一组1946年美国*LIFE*杂志记者在全聚德拍的老照片。从客人进店选鸭坯，到师傅入炉烤制，再到伙计端鸭上桌，最后客人卷饼品尝整个一套流程。李燕山开始考证照片上的人物是谁。

此时，李燕山曾经拜访过的杨文进师傅已去世，于是，他打听到一位健在的老退休职工王从义师傅。

王师傅戴上花镜，看了看照片，毫不犹豫地笑着说："这个人是

蔡增连。"李燕山又请王师傅帮助辨认另外几个人后，如释重负，满意而归。

然而时隔一年，这个答案被另外一位刚退休的师傅给否定了。他说："照片上的人不是蔡增连，而是李维瑶。"

到底是蔡增连还是李维瑶？有一次，李燕山在单位浴室洗澡，碰见了全聚德和平门店人事部经理，他灵机一动说："你帮我翻翻是否有退休职工蔡增连和李维瑶的档案，看看档案里是否有他们二人的证件照。"

全聚德伙计蔡增连（左）

过了几天，这位人事部经理从俩人的档案里找到了他们的证件照。李燕山翻拍下来，并打印出来，让办公室的三位年轻同志分别独立辨认老照片中的伙计是两张证件照的哪一位。结果，大家一致认定是蔡增连。

真相水落石出，李燕山如释重负。

这本画册是怎么来的

李燕山人勤腿快，北京哪儿有历史文化展览他都去参观，并搜集有关老北京历史的资料。2013年5月著名京味民俗画家马海方先生在荣宝斋举办个展。李燕山闻讯后，利用午休时间跑去参观。

看完展览后，李燕山发现马海方一人在柜台边看报纸，便上前主动与他打招呼。马海方问李燕山是哪儿的，李燕山回答说是全聚德的。马海方说："以前我还给你们全聚德画过烤鸭流程图呢。"

李燕山离开时，马海方送了一本画册给他。李燕山问："这本的画册里有没有《全聚德烤鸭流程图》那幅作品？"

马海方回答："这本画册没有收录，以前出版的那本有。"

"马老师，我想要那本，把它放在我们全聚德展览馆里展出。"李燕山说出了自己的想法。

马海方马上问了荣宝斋的售货员，竟然真找到了一本。于是马海方便把这一本送给了李燕山。李燕山一想："如果让马海方老师在《全聚德烤鸭流程图》那页签上姓名，岂不更好？"李燕山随即向马

老师说出了自己的想法。马海方老师愉快地答应了李燕山的请求，欣然在作品页上签上了自己的名字并写下签名的日期、地点。

李燕山把这本画册摆放到了全聚德展览馆内。

李燕山就是这样为了把全聚德几代人不懈奋斗的历史完整地记录下来，让全聚德非物质文化遗产免于流失，不懈地搜集、挖掘、整理各种史料，不断证明他的"李德巴赫猜想"……

"非物质文化遗产保护是群体性责任，是活态传承的基础。非遗传承人，不仅仅是一个荣誉，更是使命和责任。非物质文化遗产挖掘、搜集、整理工作永无止境。它不仅需要锲而不舍的精神，而且还需要广泛的知识和经验。"李燕山说。

琴情书韵话传承

北京琴书，能唱的北京话，一腔一韵勾人心窝子。鼓声、板儿声、弦儿声交融着一个个通俗朴实的故事。崔维克就是一位用北京琴书给您唱故事的人，委婉而来，浸润心底。

因北京琴书结缘

说起来我跟北京琴书还真是有些缘分。1997年3月7日的《北京日报》刊登了我采写的一篇文章《琴书泰斗——记曲艺表演艺术家关学曾》，回想起那次采访，至今记忆犹新。1997年冬天的一个晚上，我下班后从石景山区赶往关先生家，晚高峰乘车人多，等车耽误了时间，比约定的采访时间晚了一些，心怀忐忑地敲开了关先生的家门，见到关先生后赶紧表示歉意，没想到关先生没有丝毫介意，连声说："没关系，没关系。"进屋后还没坐稳，关先生已经把热乎乎的香茶端到我的面前，由于迟到而带来的负疚感，被关先生的平易和热情给融化了，怀着对关先生的敬仰，听他聊起了北京琴书的故事。

从那次采访之后，我就没再见过他，但采访时他的谈笑风生以及当年那篇文章配发的图片中关先生面带微笑、右手持鼓槌、左手食指挑起的表演神态，给我留下了深刻印象。直到2006年他去世以后，我

2016年第二十三届北京国际图书博览会暨第十四届北京国际图书节，崔维克介绍北京琴书

对北京琴书依然保持着关注。

2016年，在第二十三届北京国际图书博览会暨第十四届北京国际图书节上，北京市文联、北京出版集团共同举办了"非物质文化遗产丛书"（第四批）首发式，这批丛书中其中一本是《北京琴书》，封面上正是那张熟悉的关学曾的照片，书的作者是崔维克。由于北京琴书的前缘，这本书引起了我的兴趣，很想认识一下该书的作者。那天我以这批丛书的《小靳花籇葫芦》一书作者的身份，应邀介绍了自己的田野调查经历，真是有缘不愁相见，崔维克也是主办方邀请的一位嘉宾，他在发布会上做了一段热情洋溢且充满意趣的发言。那次见面

后不久，我收到了由崔维克整理的关学曾先生的遗著《历史旮记》。就此，我又接续上了与北京琴书的缘分，只是这次结识的是关学曾先生的关门弟子——崔维克。

寻真历史旮记

按老规矩，五行八作无论哪一行，学艺先得拜师，曲艺也不例外。可崔维克学艺的经历有些特别。2008年9月27日，关学曾先生逝世两周年，也就是这一天，关学曾之子关少曾再开师门，正式接纳崔维克为关学曾先生的关门弟子，北京曲协的领导、众多曲艺界前辈、业界同仁以及媒体的朋友近百人共同见证了这一时刻。拜师仪式完全按照曲艺界传统规矩，崔维克面向关学曾先生的遗像行三叩首跪拜大礼，由关学曾先生的弟子殷长海代师收徒。至此，崔维克正式拜关学曾先生为师，关少曾将父亲生前演出使用过的鸳鸯板郑重地交到了崔维克手中。

常言说，人过三十不学艺，而崔维克在"奔五"的年纪迈入从艺之门，不免让人觉得有些费解，就连关先生的儿子关少曾也就拜师的事问过崔维克。关少曾曾在《历史旮记》的序言中写道："我曾经问过维克师弟，四十八九岁了怎么就想起来入行下海，他回答得很简单，是因为要'发现价值'。我说：'现在北京琴书一个是演出机会少，再有就是挣不着钱。'可他说'我说的价值不是指金钱，是寻找对自己生命的一个认同'。"

崔维克表演北京琴书

人生苦短，能够发现有价值的事物并为之付出时间精力的人，一定是怀揣梦想、砥砺而行的人。拜师学艺十年后，与北京琴书结缘的崔维克，不但学有所成，而且硕果累累。在北京琴书传承中，他凭着对北京琴书的热爱，真正继承了关学曾先生的艺术精神。用关少曾的话来说，"崔维克挑起了北京琴书传承的大梁"。

　　关学曾先生去世不久，在关少曾整理父亲遗物的时候，发现了《历史杂记》的手稿，工整的文字密密麻麻，写在几个笔记本上，大约有十二万字，这是关学曾先生耄耋之年倾心撰写的一部回忆录。崔维克得知这份书稿还没有出版，主动承担了出版的全部事务，不仅将原来的书稿进行了整理，还亲自担任文稿统筹、联系出版社、跑印刷厂，开印前一个字、一个标点地校对，最终自费完成了这部书的出版，为关先生的珍贵书稿能够成书，尽了一个弟子应尽的责任。

　　而对于崔维克来说，这本书的编辑出版，更是一次精神洗礼。崔维克谈到这次出版经历时屡次谈道：对待一门艺术，不仅要关注艺术本身，而且要历史地、立体地来理解和学习一门艺术。北京琴书的创立，绝不仅仅是一个曲种名称的简单变化，其中更蕴含着关先生对待艺术的一种精神——"追求艺术的极致"。在几十年从艺生涯中，关先生始终在不断地完善、创新，走出了一条属于自己的艺术之路。关学曾先生始终把自己看成是从旮旯里走出来的人，其平民品格，笑对人生的态度感染着后人。

　　后来崔维克写了《北京琴书》。关少曾在阅读了《北京琴书》后不无感触地说道："我仔细地阅读了书稿，字里行间看得出维克师弟的良苦用心，看得出这几年他所付出的努力与辛苦。这本书的价值在

崔维克演出现场

于他不仅全面系统地对北京琴书的历史、原理、方法和规律进行了总结归纳，还在于对父亲毕生艺术实践中所形成的艺术思想和精神，进行了概括和阐述，并指出了这些艺术思想在北京琴书传承中的核心价值……《北京琴书》的出版对北京琴书的保护传承和推广普及是一件功德无量的事情。"

传播北京琴书

北京琴书的传承一直采用传统的口传心授的方法。关少曾曾多次对师兄弟说："要把学唱的方法和规律加以总结，让更多的人便于学习掌握。"学艺过程中，崔维克是一位不满足于"知其然"的人，他还对北京琴书的"所以然"产生了浓厚的兴趣，为此他用心总结归纳学习琴书艺术的方法，不断深入探究北京琴书的奥秘。

　　研究一门说唱艺术，不仅要了解大量的历史资料，还要对这门艺术内在的规律进行深入细致的梳理归纳，特别是研究北京琴书的行腔及板眼规律，因此研究者必须具备一定的音乐基础，方可一探究竟。说来也巧，崔维克自幼打下的音乐基础，为学习和传承北京琴书发挥了不可小觑的作用。

　　崔维克出生并居住在东城区米市大街东堂子胡同，胡同生活滋养了他谈吐举止中的老北京味道。能与北京琴书结缘，与他的生活经历密不可分。每天上下学的路上或是在院子里玩耍，时常听到并不是家家都有的"话匣子"（就是过去的一种收音机，多为台式）中播放的文艺节目。听着"话匣子"长大的他，从小就熟悉北京的曲艺，关学曾先生《传家宝》唱段中的"李师傅是共产党员，名叫李长宝"那句唱腔尤其让他着迷。

　　对音乐情有独钟的他，就读于米市大街小学。那时给他留下深刻印象的是从三年级开始的音乐课，音乐老师叫杨士缨，三十多岁，瘦高个儿，戴眼镜，他似乎精通所有的乐器。每到音乐课时把视唱的谱子挂在黑板上，用手风琴带着同学们视唱练耳。这一时期的经历奠定了崔维克良好的识音基础，对于歌曲、戏曲他具备了听着伴奏直接将谱子唱出来的能力。后来，崔维克又跟随杨士缨学会了不少乐器，如大提琴、手风琴、扬琴、胡琴等。

　　北京琴书是老北京的音乐符号，加上北京的俗语、特有词汇的读音和语法上的特殊结构，决定了北京琴书独特的味道，若以北京话四声为标准，找出北京琴书行腔的规律，这不仅是一种大胆的尝试，而且是探索语言与音乐之间关系的一个创举。但如果不具备一定的识音能力是无法完成的。崔维克在音乐上的扎实积累，让他与北京琴书结下了不解之缘。

北京琴书这门鼓曲艺术，从它的前身五音大鼓算起，也就是百余年的历史，其间经历了单琴大鼓时期，关学曾先生便是集这门艺术之大成者，并由此创立了北京琴书，这个演变过程就是一门艺术的发展史。为了记录北京琴书的发展史，崔维克专门写了一本书，名叫《北京琴书》。对于"非物质文化遗产丛书"《北京琴书》来说，不仅承载了记录历史的重任，也承担着挖掘艺术本质、探寻艺术规律的使命。写作过程中，崔维克拜访了众多老艺术家，还先后在北京、天津、河北等地走访，他曾几次前往河北廊坊市广阳区柴孙洼村，了解到与关学曾先生当年学艺和从艺有关的人物的背景资料，掌握了不少第一手素材和资料，还得到了关少曾提供的关学曾先生的大量手稿、乐谱、图片以及多年积累的资料，使著作达到知识性、学术性、实用性的统一，最终崔维克于2014年完成了《北京琴书》一书的撰写。

从2012年开始，崔维克除参加一些演出，还开始逐步将传承北京琴书的想法付诸实施。一次偶然间，崔维克在一个小学的网站上看到一则关于"曲艺立校"的介绍，于是他便到该学校拜会了校长，双方一聊非常投缘。从此这所学校开设了北京琴书社团。近年来他又被多所学校和校外社团特聘为北京琴书课程讲师，从2012年至今，他多次主讲社会公益讲座并到大专院校举办以北京琴书为主题的演讲，内容丰富，简明生动，在推广普及方面，对弘扬传统文化、传承北京琴书发挥了积极的作用。经过多年努力，他终于让北京琴书列为一些学校校本课程。2016年，北京琴书被北京教育学院朝阳分院列为区本课

崔维克辅导学生演唱北京琴书

程，同时纳入《北京市朝阳区"十三五"教师继续教育课程》体系。

几年下来，他不仅认真教学，还创作了一批符合孩子特点的新唱段。原本关学曾先生流传下来的有两百多个唱段，但适合于时下演唱的段子也就十多个，而这剩下的十多个段子当中绝大多数又不太适合孩子们演唱。崔维克教的第一个段子是《吃面条》，在孩子们学唱的过程中，有孩子问："崔老师，妯娌是什么意思？"崔维克给孩子们解释起来觉得挺费劲，这件事触动了他。从这天下课回家后，他就开始为孩子们创作新的唱段。从此，一发而不可收，《北京精神进校门》《少年司马光》《铁杵磨成针》《一堂环保课》《放羊的孩子》《美丽的一天》《京津冀就是我的家》等一批唱段陆续完成。北京琴书社团的同学们通过学习并熟练掌握这些新唱段，在各种演出、比赛中都取得了不俗的成绩。

北京琴书的生命力正是在于不断地创新，这一点在关学曾先生的作品中体现得非常鲜明。崔维克继承了关学曾先生写新唱新的艺术风范，在实践中不断探索"非遗"传承的新路径。

培育桃李满枝

崔维克通过对多年在普及活动中积累的教学方法与经验进行归纳整合，又撰写了《学唱北京琴书》一书，目前已经付梓，预计于2019年春正式出版。一门艺术的传承，应该是立体系统、多维度地渐进，崔维克不仅这样想，也是这样做的。在短短几年的时间里，做出如此成绩，除了他自身具备的能力，全凭着对北京琴书这门艺术的热爱和他对关学曾先生的景仰和感激之情。

崔维克觉得作为一个土生土长的北京人，眼瞅着老北京的身影渐行渐远，心里老有一种莫名的失落，有形的物质遗产已然面目全非，无形的文化遗产也岌岌可危，就连一口地道的北京话也很难听到了。关学曾先生留下的北京琴书在众多的非物质文化遗产中弥足珍贵，既然跟北京琴书有着这等特殊缘分，那就要为它的保护与传承铆劲儿，尽自己最大的努力，不留遗憾，以此告慰关学曾先生，致敬前辈，致敬这座养育他的古老都城。如今，崔维克把全部精力投入到了"北京琴书进校园"的活动中，辅导孩子们学习北京琴书，成了一名"孩子王"。

摔出一片天

几个从事老北京摔跤的人在一起聚会了一次，聊了次天。有地点的变换，但仍感觉他们被围在了同一个圈子里，被一种整体氛围缠绕在了一起，谁也摆脱不开自己刚刚离开的那个区域，他们处在一个共同的空间里，只为他们心中的那片天空。

杨建业自2003年开始从事原北京市崇文区的非物质文化遗产搜集、整理、申报工作，由此对天桥地域的文化挚爱至深，特别是他从小参与过的老北京天桥摔跤。老北京天桥摔跤是中国式摔跤的重要组成部分，发端于清朝末年军队里的"善扑营"，属于对抗性的表演。民间摔跤也达到了很高的技艺水平，是一项优秀的民族文化表现方式，包含民俗、艺术、体育、文化、社会、历史等多方面的文化内涵。杨建业出生在这样一个文化背景里，身体里流淌着老北京文化的血脉，如今他以另一种传承的方式表达着他的那份情结。

"谁也摆脱不开自己刚刚离开的那个区域，他们处在一个共同的空间里。"杨建业正是与这个养育自己的空间有着割舍不开的情怀，才呈现给我们一片他眼中的独到天空——北京天桥的天空，这天空上有编剧本真的自白："以形传神，形神兼备的艺术境界。"

《摔出一片天》编剧杨建业（左二）与演员一起在播音室

如今浸透杨建业身心的艺术境界，来源于他出生的四合院，来源于他与四合院以及这个地域共同空间里的人们生活中近似碎片的记忆——有些是家长里短，有些是少年时代的贪玩……

曾经的碎片从2004年起，逐渐发出了近乎"宝石"一样的璀璨。从那个时候起，杨建业突然发现曾经有些不以为然的东西，竟然是延承着几代甚至上百代老北京人精神的脉络，这条脉络在他的童年重新上演了，包括鸽子，包括摔跤，包括一项项被国家保护起来的老北京非物质文化遗产项目。

童年的鸽哨

"每个城市都有自己的声音，这些声音各式各样，但我相信，没有一种声音会如在北京城市上空的鸽哨声那般美妙……我小时候养过鸽子，很少的几只。"

那时候，杨建业家住在天桥附近的一个大院子里。奶奶养了几只鸡，他就拿奶奶养的鸡当鸽子，抓在手上，仰起头，挺直腰，踮起脚尖，使劲往天上扔，"老母鸡也能在空中扑棱着翅膀飞上一段，但奶

杨建业（右五）与演出后的演员合影

奶看了心疼"。

姑姑见他痴迷鸽子，带回来两只小鸽子。此后，他天天从奶奶的厨房里抓了老玉米粒、豆子喂鸽子，盼它们长大后飞翔到天上。但是他没有等到这一天，大花猫把笼子叼坏了，鸽子飞跑了。"我想，小鸽子一定会自己飞回来的！我对它们那么好，它们会想我的。我把小笼子开着门，每天一放学就坐在笼子旁边等着……每当天上有鸽哨声传来，我就会想起我飞走的那两只鸽子。"少年时候的杨建业如此痴迷这片有着诱惑他生命的声音。

杨建业在北京南城的生活里，不能忘怀的声音不仅仅是鸽哨，还有摔跤场开练之前的那些武相声，行话叫"粘黏儿"——摔跤前，为了把客人招揽到摔跤场，武相声们要圆场说一段。杨建业非常喜欢看。

"我生在天桥，我家就住那儿，房子前有个大院儿。我小时候，院子里常有一些大大小小的孩子，把地给松了，叫上外面来的人，一起在院子里摔。当时好多在社会上很有腕儿的练摔跤的人都来过。编剧、导演的话剧《摔出一片天》，跟我的生活阅历有很大关系，我就想放到舞台上去。"杨建业说道。北京城南的这些人和事，给了杨建业原创的生活素材。写熟悉的生活，杨建业抓住了非物质文化遗产传播、传承形式，把项目搬上了舞台。

写熟悉的生活

天桥以前有沈三跤场，后来有宝三跤场，宝三除了有摔跤也要

中幡，一般是在摔跤之前先耍中幡，"天桥中幡"和"天桥摔跤"是天桥地区两项老北京绝技。中幡历史可以追溯到三千多年前，清代时称大执事，后由皇宫流入民间，改名中幡。天桥耍中幡的艺人也是摔跤艺人，比如付文刚是这门绝技的第四代传人，同时，他也是中国式摔跤的传承人。2006年、2008年，天桥中幡与天桥摔跤先后被列入国家级非物质文化遗产名录。中幡，三丈多高，四五十斤重，"没绳拉着，没绳拽着，趴下能耍，躺下能练，咱们闲话少说，把中幡耍起来……"这是表演者开演前的贯口，为的是为后边摔跤表演吸引观众。热场以后，人聚集起来了再摔跤，所以后来天桥摔跤的都会耍中幡。人们只要提起摔跤和中幡首先想到的便是宝三跤场。如今，"宝三跤场跤艺"已经进入非物质文化遗产名录。杨建业熟识的传承人韩国卿的师傅就是宝三的徒弟，而韩国卿算是宝三的徒孙。《摔出一片天》刚开始的两轮演出，舞台上的演员之一就是韩国卿。

因为表演摔跤的演员就是非物质文化遗产摔跤传承人，所以演出时不露怯，舞台上的一招一式非常地道。但这给杨建业导演带来了难度，这些摔跤手把式上精到，但舞台表演的功夫相对较弱，特别是在表现戏剧矛盾冲突的时候不够精彩，为此在排练上，杨建业需要不断挖掘演员潜质，加强舞台调度。

创作是艰苦的，杨建业在东城区第二文化馆上班，负责非物质文化遗产的普查、申报等工作。"我都是晚上回家吃晚饭以后，才打开电脑开始创作的。经常写到凌晨，然后睡上俩仨小时后就爬起来。"

"咱们这老北京摔跤现在不招人待见，想当年，给皇上表演摔跤的叫御扑户……照着级别拿工资，照着现在这一等、二等的，怎么也得相当于省级干部吧？"这几句台词既表现了摔跤手当年的荣耀，也揭示了摔跤艺人当下的窘境。

杨建业既是编剧，也是导演。在天桥艺术中心小剧场演出的时候，换了几个演员，有相声演员，其中女一号是真正练摔跤的，另一个是唱北京戏曲的，所以杨建业在台词中加入了京韵大鼓，把北京的特色曲艺内容融入其中，其矛盾也是用喜剧方法表现，剧场效果很好。

"这部戏的成功有几个因素，一是展现了老北京的古都文化；二是呈现了非物质文化遗产项目；三是切中了北京的中轴线文化；四是采用了喜剧的创作手法，让观众在欢笑声中，跟着人物命运的发展走。"

该原创剧目2016年在北京风尚剧场演出十场，在东四隆福剧场演出两场。2017年，重新回到天桥地区，又连演了五场，深受老百姓喜爱，而戏剧专家、北京民俗专家们则感到很惊喜。

传说中的济世明言

杨建业已经完成了话剧《摔出一片天》以后，又编、导了《同仁堂的传说之济世明言》。"去给同仁堂策划活动时，我就想，以往同仁堂故事要么是讲同仁堂的药怎么成为给皇上吃的御药，要么是讲同仁堂的医师怎么治病救人，老是这么个套路，能不能拓展出一种新方式来展现？"

于是杨建业从中医药文化这个同仁堂的根儿为突破口，在剧中讲述了这样一个颇具传奇色彩的故事：在某一个八月十五日前，月宫的玉兔到神农架寻找一株千年灵芝，带它一同到人间治病救人。这株灵芝来到人间后便化成了乐家的传人，并以一个走方郎中的身份来到了北京的街头。此时随全村人一同被明成祖朱棣迁到北京的秀秀，因为村里人得了伤寒，到城里寻医，昏倒在街头。正好被灵芝救起。双方互生好感，秀秀又向灵芝透露了村里的情况，灵芝欲用乐家祖传的秘方来帮助秀秀和乡亲们，但一时无法找到众多的草药。此时玉兔及时到来，帮助灵芝找全了药材。但在乡亲们医好病后，这对相互爱恋的年轻人却因一些事而失散。直到几年后，秀秀来到前门大街，在玉兔的帮助下，和灵芝再次相遇。此时的灵芝正要弃医去考取功名，但在秀秀和玉兔的规劝下，打消了去做官的念头，在大栅栏开了药铺同仁堂。几百年过去了，同仁堂遍布全球。已经成为同仁堂全球巡诊医师的灵芝和转世后已经成为一家IT公司白领的秀秀，在香港新机场相遇。但一场意外的车祸，使秀秀处在生命的边缘。灵芝便用同仁堂的安宫牛黄丸挽救了秀秀的生命。这时，玉兔向灵芝发出了返回仙界的指令，一段新的姻缘即将展开……

《同仁堂的传说之济世明言》是一部融合了民间传说、中华老字号、非物质文化遗产和北京古都文化等多种文化元素于一身的原创力作。

笔匠描绘着工匠的天空

杨建业的话剧三部曲中的另一部是2013年编剧的《前门人家》，该剧讲的是以国家级非物质文化遗产项目月盛斋制作技艺为蓝本的当代故事。在布景和道具上，尽量还原前门地区过去大杂院的生活状态。"从院中可以看到前门箭楼的一角。正对着我们的是院子的门。靠院门右边有间房子，从院里可以看见墙上斜竖着的'百年老铺'的牌子。牌子已经褪色。旁边的几间房子已经被挑了顶子，人去屋空……"

演员出场也是浓郁的老北京味道："手中提着有塑料袋装的豆汁、焦圈走进院门。"杨建业通过自己经历的生活，通过非物质文化遗产挖掘整理，通过铭心刻骨的创作，使得一部部话剧作品诞生在北京。

如今，他正在筹划第四部作品，国家级非物质文化遗产项目景泰蓝《工匠的天空》。

把优秀的非物质文化遗产项目，用多种艺术形态的方式呈现给民众，杨建业继续以他生命的语言把老北京的文化传承铭刻在当今的历史舞台上。正如《摔出一片天》剧终时宝子所说："创新发展，不忘初心。"

生如夏花之绚烂

"我听见回声，来自山谷和心间，以寂寞的镰刀收割空旷的灵魂，不断地重复决绝，又重复幸福。终有绿洲摇曳在沙漠，我相信自己，生来如同璀璨的夏日之花，不凋不败，妖冶如火。承受心跳的负荷和呼吸的累赘，乐此不疲。"在泰戈尔的《飞鸟集》中，我看到了一只勤勉飞越海峡两岸的天鸟——黄兆欣。

北京、天津、南京、武汉、合肥……一场场讲座，在社区，在校园，在剧场，犹如一只从泰戈尔飞鸟集里飞来的鸟儿，彩翼绚烂的翅膀一直在舞动。他向观众剖析京剧的"手、眼、身、法、步""生、旦、净、末、丑"。短短的十个字在他的亦念亦唱、亦舞亦演下，变得趣味横生。他的"谈艺说戏话北京"品牌活动首次走出京城，辐射津冀。

他是谁

他就是台湾戏曲博士及京剧编、导、演艺术家黄兆欣。

他是台湾"中央大学"中文系戏曲组博士，专攻旦角表演理论，是两岸少数拥有博士学位的旦角演员，更是集学术、实践与创作于一身的全方位青年艺术家。京剧师从于玉蘅、李文敏、迟小秋等名家，曾尝试将京、昆与当代各种表演艺术结合。目前他任职于台湾辜公亮文教基金会，专职京剧推广和编、导、演。

"京剧如此之美，我想告诉世人。"

黄兆欣说道："我们讲座的名称是'京剧好好玩'，是由辜公亮文教基金会主办的巡回讲座。我们想让大家一起来玩京剧。"通过这一讲座，黄兆欣把高深的京剧以"玩"的心态传授给观众。"任何一门学问都是有技巧的。"兆欣的简单小诀窍能让受众快速、轻松地入门。

当被问到往返于宝岛和大陆之间，是不是很疲劳时，兆欣说："没有啊。其实我就是抱着一种轻松的心态来工作的，你自己紧绷绷的，课堂效果就会很严肃。我在讲座的题目上就做得很轻松，比如《第七十六期保利艺术大讲堂——"京剧好好玩"之京剧推广知识讲座》，京剧是中国的国粹，是探究中华文化的一把钥匙，同时也是人类共同的精神财富。我是用最朴素的语言将京剧这门体现国粹之美的高深艺术介绍给观众。"

在他的课堂上，听众直观地体会京剧这一古老艺术的魅力，现场掌声不断，看似专业范儿严谨的京剧，在黄兆欣的一颦一笑之间变成了一种愉悦的享受，这时你才能体会出他"京剧好好玩"的普及理念。

在现场，黄兆欣用他的绵言软语，与戏迷们款款交流，向普通人讲解京剧艺术。他从讲解旦角含苞待放的兰花指，到表演相由心生

第一辑

非遗时光

的京剧脸谱，甚至还和现场的女士们分享何种站姿显瘦。不仅仅是向观众讲解京剧艺术的舞台表演，更是传授给每一个参与者优雅、自信的生活方式。在他的鼓励和带动下，现场气氛活跃，戏迷们纷纷大胆上台一展风采。京剧很有趣的是什么呢？它通过"手、眼、身、脚、步"拆解并以美的方式重新组合来把我们的身体规范了，而这些都能从美中体现出"礼"。

做大众的国粹文化普及工作，在黄兆欣眼里不是多么艰难的事情，他认为只要意境先到，观众和听众就会很自然地被带入剧中，如京剧的韵白，非常具有音乐性，体现了戏曲的"无声不歌"的特性，也是塑造人物的一种独特手法。他就是想把京剧艺术的魅力传播给更多的民众。

"我是学程派男旦的，从小在台湾长大，在京城寻访名师提升自己的艺术修养，然后传播回台湾。我的理念是京剧互动体验要零门槛。来回往返有时候确实很紧张，有时候在北京这边活动刚完，便掐着点儿买了机票返回台湾工作。"

黄兆欣从2009年开始到北京学戏，那时他还没有"服兵役"，每次飞来北京，只能待两个月的时间，是趁着寒暑假往返于两地之间。

黄兆欣带着一份感恩的心说："要感恩的人太多了，李金鸿、程永江、李毓芳、涂沛等老师，他们对我都是照顾有加，无论做人做事、生活起居都给了我很多指导和帮助，让我倍感温暖。正是由于他们的传授，才保留下了很多原汁原味的老派京剧，台湾京剧的发展将得益于这几位在北京的京剧艺术家。"

黄兆欣（前）带领参与体验的观众表演

传播"新老戏"

　　黄兆欣对于京剧的理解，不仅仅是其艺术的璀璨与深厚，还在于让古老的文化渗透进我们当下的生命状态。"我们为什么要看戏？因为很多人会觉得这个时代的人生活得太粗糙了，总是在'赶路'。生活的态度应该是怎么样呢？泰戈尔的诗说生如夏花之绚烂，其实很多时候我也会这样问自己，我要过什么样的人生？"

　　兆欣的绚丽源于他十六岁的时候听了一场讲座，感觉到了京剧的美好，费尽千辛万苦到北京学京剧，然后将所学所修奉献给两岸的民众。

　　如今，兆欣倾心于"新老戏"的传播，他说，"这是台北新剧团团长李宝春老师推出的品牌，是一种'古法新酿'"。比如他的《断密涧风云》，是《虹霓关》和《断密涧》两出老戏的组合。两部戏若单独演出，

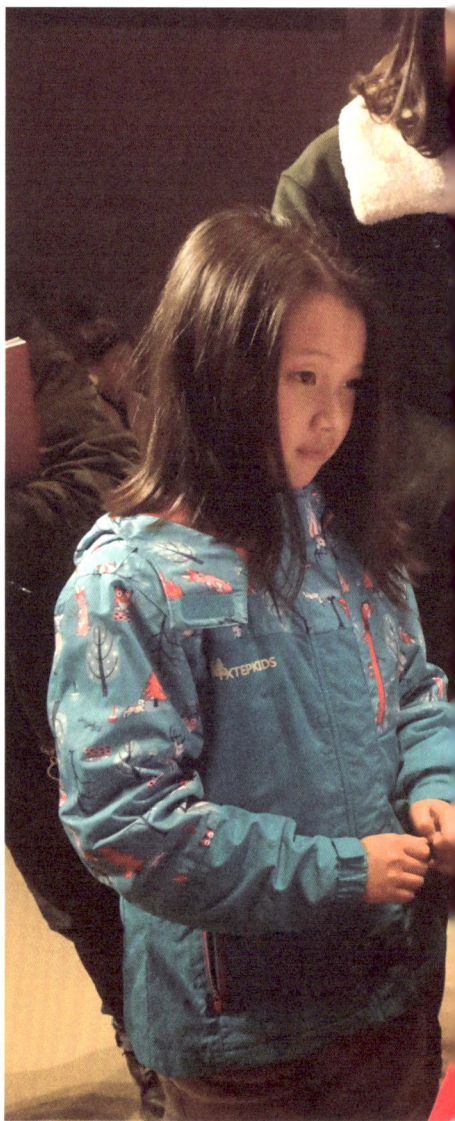

黄兆欣与小听众交流

观众都能够享受到演员的唱做功力。有趣的是结合起来上演，王伯当的生命更加丰厚了。《别窑》《路遥知马力》两部戏的组合也是这样，讲的都是人性是否经得起时间、贫富、贵贱的考验，这正是新老戏古今不渝的价值，是京剧流传的当代精神。

第二辑

精工巧艺

多彩灵动的泥巴

　　"它以对于依次呈现的形象的一览无余的观察，就能够把各种具有不同特点的形体结合起来加以融会贯通。于是，这样一来，就产生了风格。"这是艺术所能企及的最高境界。中国黄土地上的泥巴和法兰克福莱茵河畔的歌德写的华丽的艺术辞藻有点空间距离，但它和中国的一个家庭中的艺匠们是如此贴合，这个家庭中的艺匠之一便是"泥人张"（北京支）手艺的传承人张锠。

捏泥巴，一百八十年

　　"泥人张"始于清末天津，当时有位家境贫寒却心灵手巧的人以捏泥人为业，这个人带着泥巴，跑到熙熙攘攘的大集上瞅各色人物的作态，进戏园子看角儿们的一招一式，然后用手捏出各式各样的泥人。这个人所捏的泥人独具艺术特质、诙谐幽默，很快便受到老百姓追捧，后来人们就管这家张姓捏泥人的称为"泥人张"。

　　六代一百八十多年历史，黄土地上的人以黄土为材质，步女娲补天后，"泥人张"升华了黄土的价值，也美丽了人类的生活。

张锴

第一代静中求变

"泥人张"彩塑艺术"作为人类历史的文化之果，依生于那一特定历史文化的生命系统之中"。清道光二十四年（1844年），张铟先生祖上张明山十八岁，那时爱听说书的他把说书人口中津津乐道的故事中的人物捏成了泥人，将这些人物以另一种艺术语言呈现给世人。张明山二十多岁时，有个王爷到天津请他去府上做长工，张明山在王爷府里，捏了很多得意之作。清光绪三十年（1904年），慈禧太后七十大寿，她面前摆了很多寿礼，其中就有内务府大臣庆宽奉上的"泥人张"。慈禧太后拿起"泥人张"上看下看，左看右看，爱不释手。当时呈给慈禧太后的泥人作品是张明山捏的《木兰从军》。

《木兰从军》静中求变，三角形构图，一个战争题材的泥人，看上去很安静，张明山通过人物及道具的搭配，采用特定的艺术表现手法，使静态的构图产生了动态的效果和艺术风格。作品内在含蓄、惟妙惟肖，成为第一代"泥人张"的代表作品之一。

1915年，张明山创作的《编织女工》彩塑作品获得巴拿马万国博览会一等奖。

第二代动中求变

张锠先生的爷爷辈有六人，爷爷张华堂行六，叔伯爷爷张玉廷行五、俩人共同继承了"泥人张"手艺。

"我爷爷捏的《算卦》很精彩，就两个人物，算卦人和求卦人，人物动态很微小，却恰到好处地体现了人物的性格，十分传神。从一个静态的泥巴，能体会到算卦者滔滔不绝的诉说及求卦人屏息虔诚的倾听。"张锠先生回忆起爷爷那辈的创作时说道。"泥人张"有很多精品之作，形神兼备、活灵活现地表达出浓郁多彩的生活气息和人类生存状态，有着如诗如画的人文艺术呈现。

但张锠先生的爷爷去世得早，第二代的活态传承主要靠叔伯爷爷张玉廷延承下来。

"泥人张"缘起民间，泥巴取自土地，题材取自身边生活、民间百态生活以及市井之中，"泥人张"创作的泥巴人都是老百姓能读懂的泥塑语言，从绘画、戏曲、生活实践中汲取营养，经过"泥人张"的手，汇集各种艺术特质于一体，赋予了泥巴灵动的姿态。"泥人张"作品中有生动鲜活的民间故事人物；有栩栩如生的小说、戏曲中的角色；有市井百态和劳动人民现实生活中的美丑褒贬……"泥人张"家族赋予了泥巴深刻的社会意义和灵魂力量。"过去，生活中的民间艺人处于社会底层，受到各种人的欺负，这些成了前辈们的创作内容。有些有势力的人无偿索要，有的人买了，半道儿坏了，还非跟

你索赔……我爷爷和叔叔他们，就把生活中的恶势力表现在众鬼魅的形象上，塑造人物的时候，拉长或者压扁人物形象。"

第三代苦尽甘来

张景祜，张锠先生的父亲，一位身处中华人民共和国成立前后两个时代的"泥人张"民间艺人。

1949年前，第三代"泥人张"传人张景祜所延续的作品题材主要还是第一代和第二代的内容，特殊时代的"泥人张"处于艺尽人亡境地，一些人为了谋生，忍痛改行，有一些则是传人过世。

何去何从？

1949年，天津军事管制委员会了解到天津久负盛名的"泥人张"还有传人，很重视，登门找到张景祜，请其参加天津工艺美术队，自此，张景祜由一名民间艺人转变为一名国家艺术工作者。

徐悲鸿曾评价张锠祖上张明山的泥塑"比例之精确，骨骼之肯定与传神之微妙，据吾在北方所见美术作品中，只有历代帝王像中宋太祖、太宗之像可以拟之"。

1950年，张景祜接到了一份改变他一生的邀请，徐悲鸿邀请他到北京工作，张景祜同时应天津文化局局长邀请兼着天津市泥人张彩塑工作室的工作。到北京后，张景祜先后在中央美术学院、中央工艺美术学院、北京工艺美术研究所工作，创作得到国家的支持，作品风格也有了新的改变。当时的工资是每月六百斤小米，相当于每月工资六十元，这是个非常优厚的待遇了，职称是20世纪50年代的文艺二级。

张景祜在中央工艺美术学院有了专门的工作室，他朝气蓬勃地投入到工作中。他在学校做模特；到敦煌、麦积山等地学习传统艺术；前往西双版纳等地采风；奔赴广西、江西景德镇，在景德镇一口气连续创作了三十多个陶瓷的"泥人张"作品，这些作品的第一窑就被外交部作为国礼赠送了出去，被人们称为"外交瓷"。

张景祜1950年进京后，政府给他委派了任务："要教学，而且教的学生不能少于十个。"于是他一方面创作一方面教学，其学生有徐秀堂、陈贻模、郑于鹤等。其中郑于鹤是齐白石弟子著名画家李可染先生的亲外甥，1951年来到北京，拜张景祜为师，现为中国国家博物馆研究员。

1958年，张景祜成立了北京"泥人张"彩绘研究室。

张景祜在泥塑的材料上也有所变化，第一次使"泥人张"和陶瓷结合，取材范围更宽泛，材料表现更科学。当然，他在传统题材创作上有很多杰作，如作为国家一级文物收藏在天津博物馆的《惜春作画》，形神毕现，栩栩如生。

"我父亲不仅创作了传统题材《惜春作画》《霸王别姬》等作品，还创作了《54个少数民族》《东方颂》等现实题材的泥人。他的作品思想更加深刻，创作形式也更科学严谨。报效祖国的热情激发了他极大的创作动力，他更多地关注生活，讴歌时代，创作了上万件作品，比如《泼水节》等少数民族题材作品。"这就是张锠对那个时期父亲作品的印象。

第二辑 精工巧艺

第四代活态传承

张锠，北京"泥人张"（北京支）第四代传承人。中央工艺美术学院教授、雕塑教研室主任、装饰艺术系主任。张锠先生在创作上继承了"泥人张"彩塑艺术传统，又在此基础上吸收国内外其他艺术之长，逐渐形成造型夸张简洁、形色和谐统一的现代装饰风格。其代表作有《永远盛开的紫荆花》（获得香港回归国家礼品集体创作嘉奖），《阿福》（被选为1992年中国友好观光年吉祥物、获国家专利），陶瓷雕塑《暮归》（被中国美术馆收藏），《福娃》（获中国传统工艺美术精品大展金奖，中国工艺美术馆收藏），《火烧望海楼》（由中国国家博物馆收藏），大型综合材料彩塑《盛世中华世博龙》（参加上海世博会，并被收藏）。著有《中国民间艺术大观》《中央工艺美

《西湖主》高 64 厘米，2015 年创作

《窀娘》高 87 厘米，2016 年创作

术学院装饰雕塑设计》《中国民间泥彩塑集成：泥人张卷》《中国泥人张彩塑艺术》等众多专业论著。张锠先生本人坚持在艺术道路上孜孜探索，不断创造出令世人惊叹的艺术作品。如今的"泥人张"艺术，正如1963年郭沫若先生在"泥人张"首届艺术展上所言："用泥造人首女娲，明山泥人锦上花。昨日造人只一家，而今桃李满天下。"

数字化时代，给了艺术家更广阔的传播空间和贴近时代的创作灵感。张先生认为，非物质文化遗产保护的是人的技艺。但人是社会性的，人的思想意识、审美追求会随着社会而变，所以技艺的传承也要随社会而变，这样才称得上活态传承。

任何一项非物质文化遗产，都有其流变的过程。

第一是题材在变化，题材和内容更宽泛了，这就要求所创作的作品要能及时反映现实生活。如张锠创作的时传祥雕塑和他为一些城市创作的标

志性作品。

第二是材料在变化。第三代传人已经在探讨怎样延伸艺术技法和材质。在固有的传统材质做好、做妙、做到家的同时，探索艺术影响力在另外领域有所延伸。2017年开始，张先生在塑造部分作品的时候，不仅用软质材料的泥，还尝试用其他各种材质，如陶瓷、石头、金属等。张先生在遵循所采用工艺材料的可利用艺术手法的基础上，如利用陶瓷在一千三百摄氏度时就软化的特点，再利用"泥人张"的艺术表现手法进行创作，实现了"泥人张"艺术作品的创新。当然，虽然材料做了创新，但技法仍不离"泥人张"。

第三是形式在变化。"泥人张"第三代传人趋向于科学和严谨，第四代传人处于数字化时代，强调"泥人张"的单纯和简洁，但不是简单，而是用造型的归纳、肌理对比等各种对比方法求得色彩的更加丰富、单纯。

第四是空间在变化。数字时代，"泥人张"强调空间的对比性，传统的作品偏向于纯欣赏性，当代"泥人张"不仅仅是彩塑，也走入了城市空间成了公共艺术，如城市雕塑，北京延庆妫川广场二十五米的不锈钢雕塑便是张锠先生所设计。

作品放置于公共空间，使其艺术还于民，因为"泥人张"自身来于民。张锠先生遵从导师郑可教授的艺术思想和理念，一个艺术家的创作能力，小到首饰设计，大到和公共文化的结合，强调这种能力的提升和准备，有了准备才能实现其可能性，这成为张先生艺术创作中受益一辈子的点拨。"泥人张"的艺术不仅是放在小架子上的，还要能够在城市与自然中展露风采。

第五是传承方式也在变化。老的"泥人张"和其他手工业一样，原则上是不传女性。但从张先生的父亲到院校授课开始，形成了科学严谨系统的专业教学，成了有影响的精品课程，通过在校园内授课，使"泥人张"传承进入了社会。"泥人张"的传统家族式传承，从张先生父亲开始，进入师生传承。张锠先生在美院担任教授，不但继续了父辈的校园传承，也更加深入研究和归纳总结，"泥人张"几代人的不同追求，传承方式也在不断顺应历史变化。

"当代文化提供给人们的是多元化选择，社会人的审美也在多元化。比如年画，传统上过完年就不太用了，但有些年画用在挎包上，和实用结合，需求就不一样了，有些图形变成现代人的审美需求，融入生活，艺术本身有它的生态链，保持正能量的循环，不能孤芳自赏，不能逆潮流而动，那样肯定被淘汰。"

张先生如今虽然已经退休，但他曾经设立的课程还有教授、博士生们在延续。他则拿出更多的时间传播"泥人张"文化。

妙手生花成国礼

景泰蓝，铜胎珐琅器皿，明景泰年间开始大量制作，今日为北京的"名片"之一。

妙手生花，巧艺弥珍。米振雄，一位描绘北京名片的人。

清代皇宫有专门的工匠组织叫造办处，全称"内务府造办处"，造办处的工匠最初做工的地方在养心殿，因此又称为养心殿造办处。乾隆二十三年（1758年）以前，造办处作坊有画院、如意馆、枪炮作、盔头作、珐琅作、镀金作等四十二作。乾隆二十三年（1758年）后，裁减为十三作，而其中便有珐琅作。可见，铜胎掐丝珐琅（景泰蓝）技艺于清代在宫廷就颇受皇家重视。珐琅，技艺上为铜胎掐丝珐琅，即人们常说的景泰蓝。

"一件铜胎掐丝珐琅作品，融合了造型设计、色彩技艺、雕刻技艺、镶嵌技艺、冶金技术，是多种艺术技艺的综合体。造型上多是体现中国文化元素，比如钱美华设计的《和平尊》就是借鉴了中国传统铜器尊的形态。在造型的寓意上，很多优秀的作品表现的也是中国传统文化元素，比如钟连盛作品《福禄万代》。这两件作品前一件收藏于北京珐琅厂，后一件收藏在景泰蓝博物馆。"米振雄先生介绍道。

在北京，有一批延承了宫廷铜胎掐丝珐琅技艺的艺术家，米振雄

景泰蓝技艺传承人米振雄

便是其一。

《中国传统工艺全集·历代工艺名家》一书的现代部分，收录了一名景泰蓝工艺家，即为米振雄先生："米振雄不但从事设计，还能掐丝制作，创作了许多优秀作品，既继承传统，又具有新意。代表作有《转龙瓶》《祝寿瓶》等，1992年为奥申委设计的大型《巨雄瓶》，1997年合作的《普天同庆》大瓶由北京市赠送香港特别行政区。"

少小离家苦学艺

米先生以他一生情怀温暖着每一件经过他手的精美器物，这些器物华美的色泽里交织的是他从黑白起步的人生。

"我算是少小离家了，十五六岁的时候从河北省沧州市下辖的南皮县来到北京的。"

"1958年，我报考生产无线电的798厂，人家嫌我是残疾人，不收。转而我又去考北京珐琅厂，语文、数学考试我都通过了。"

1958年6月1日，十七岁的米振雄先生专心诚意地学起了老北京手艺——珐琅工艺。北京的这个珐琅厂是有宫廷技艺传承的，1956年1月，原故宫造办处珐琅作、京城的私营珐琅厂、民间作坊共四十二家合并，成立了北京珐琅厂。四百四十八名职工，分布在王府井、前门、崇文门一带的十二个生产厂点。

如今，北京珐琅厂是全国生产经营景泰蓝规模最大的企业，是景泰蓝行业唯一的一家老字号。2006年，北京珐琅厂景泰蓝制作技艺被

米振雄制作的景泰蓝瓶

列入第一批国家级非物质文化遗产保护名录。

十七岁，一个对艺术一无所知的农村少年，就这么步入了京城的艺术殿堂，生存给他的只有两个字："苦学"。

"一进厂，一个人分给一个小木抽屉，搁工具用的。我们这些新入厂的人，分给的抽屉挨着哪个师傅，他就是你的师傅。景泰蓝是全景设计，就是给器物'上花儿''粘地儿'，这是技术活儿，一镀子一镀子地把花儿粘到器物的地儿上，师傅粘龙，我就给他码龙鳞。"

痴迷于工艺的米先生，如饥似渴地向全车间所有高级艺人求艺。做花鸟，他求教于兆贵师傅；做九龙，他求教周朝汉、王清元两位师傅；做饕餮纹，他找到擅长此技艺的师傅。"一般师傅做活儿的时候，你在旁边只能默默地看着，他专心干活儿，不说话。我做了东西就主动拿给师傅指点，比如把掰的龙主动拿给师傅，问问哪儿不好，师傅会告诉我，爪子凶相不够啦，眼睛小啦，要么就拿着自己画的纹样给师傅指点后再动手做，长此下来，技艺一点点就掌握了。"

学艺七八年以后，求知若渴的米先生"不想跟在师傅后面爬着走了，我想自己能够立着走"。他找到厂里的设计师、青年画家张玉清学画画。

"礼拜天常跟他一块儿去写生、看展览，画了东西，大晚上跑去他家，让他给指点，其实他比我还小四五岁呢，教我有耐心，几年下来，我跟他学了一手严谨的工笔花鸟画，掌握了构图、色彩运用，懂得了对艺术的欣赏和把握。"

米先生的从艺笔记不是文字，而是绘画。

在米先生设计的景泰蓝纹饰中，既有中国传统的吉祥纹饰、宫

景泰蓝作品

廷传统纹饰，也有他采撷于自然界的植物、动物、人物，一本本的速写，记载了他行走于全国各地的笔上飞花，"我跑了大半个中国，如云南的西双版纳，湖南的张家界……"

多年后的北京"景泰蓝"名片

经过多年苦学历练，米先生把自然的真实与美，融入艺术创作之中。

从少年米振雄踏入京城的那一刻，红墙绿瓦的故宫就成了他眼中的"东方卢浮宫"，他以故宫为题材，创作了"紫禁城艺术之春"系列作品，把故宫搬上了景泰蓝。在故宫的史册上，景泰蓝叫铜胎掐丝珐琅，珐琅分三种，一是掐丝珐琅，就是景泰蓝；二是画珐琅，先在铜胎上烧上一层白釉，再在白釉上画画，而后拿去窑烧；三是錾胎填色珐琅。

景泰蓝制作技艺是北京的一张名片。

2008年由米振雄设计的十寸景泰蓝圆盘《国色天香》入选残奥会国礼名单，随后制成国礼赠送给了一百四十多个国家；中国国家领导人出访及许多国事活动中对外赠送的国礼便有巧匠米振雄的诸多佳作。

如今年已七十六岁的米先生，技艺纯熟，被业界称为泰斗级人物。1993年他获得中国工艺美术大师称号，这项荣誉称号给予他的是创作的动力和传承的心力。

米先生一生结缘景泰蓝，带着它从过去走进现代生活，让这张绚丽多彩的北京名片薪火相传，走向世界，走向未来。

米振雄 2018 年为改革开放四十年创作的国礼作品《国门开放共繁荣》

彩风古韵艺精湛

　　"金漆"牵手"镶嵌"同行，在北京，在皇城，带着宫廷艺术的古朴典雅、富丽华贵。

　　漆器生金，在元代的"油漆局"，明代的"果园厂"，清代的"造办处"，今天的现代化首善之区。金漆镶嵌，北京风格，华彩万千。

　　"清王朝灭亡后，汇聚了多种工艺的清宫内务府造办处解体前后，金漆镶嵌技艺的民间作坊兴起，北京同宗一门，四个支派。其中韩启龙和苏明堂两支以彩绘雕填类漆器为主，王俊江这支以镶嵌类漆器为主，中和局一支以金漆牌匾楹联为主，四支下各匠艺的传承人掌握的主要工艺技法不同，但其中也有掌握全面技能的。"金漆镶嵌传承人柏德元先生介绍道。

师从王珍

　　柏德元是韩启龙这一支的，其师傅王珍是清宫造办处第四代传人，1917年出生，从事漆艺一行七十多年，柏德元是王珍老先生的关

柏德元

门弟子。1962年，十五岁的柏德元踏入漆艺行当，五十六年，他以一生的岁月，创作着金漆之物，传播着镶嵌之美，一件件艺术品在时空中凝聚为流芳的民艺。

"2003年，我主持设计并监制的香山勤政殿'金漆镶嵌宝座系列'，被北京市经委和北京市传统工艺美术评审委员会评为珍品；设计并监制的精工矫嵌屏风《丹凤图》荣获北京工艺美术展'工美杯'金奖；在2017年11月8日时，我组织设计并监制的红木百宝嵌《玉景鸣春》屏风被入选故宫畅音阁作为接待陈设，也算为国家和社会做出了贡献。"

北京金漆镶嵌产品工艺门类繁多，艺术表现手法丰富多彩，产

品制作一般分为四大步骤。设计（包括造型设计和纹样设计）——制作木胎——髹饰漆胎——装饰（包括镶嵌、彩绘、雕填、刻灰、断纹、虎皮漆等工艺）。师傅王珍曾抢救恢复了始于宋代，后失传多年的金漆镶嵌绝技"四大断"，柏德元则延承师艺，整理出了大量的技术资料，从而打破了手工艺"口传心授"的传统，为企业和行业的发展留下了宝贵资料。2009年，结合企业优势和社会文化发展需求，提出了"仿复制中国历朝历代漆器精品"的战略构想，制订了奋斗目标和实施方案。首先，有计划、有步骤地仿制、复制我国历朝历代漆器精品。从年代上讲，囊括了战国、秦、汉、唐、宋、元、明、清等多个朝代；从工艺上讲，根据中国古代漆器的特点，以描金、描漆、戗金、平金等彩绘类为主，也有镶嵌、雕填类；从造型与功能方面讲，有器皿、摆件、家具、屏风、礼器、乐器等。这期间，他们查阅了大量的历史资料，并结合当年的工艺特征，在造型、纹样、材料、工艺等方面，最大限度地保留了原作的风貌和神韵，有效地保护和延长了珍稀艺术品的生命。

复制"海外遗珍"

"海外遗珍"复制工程，是让中华珍稀的金漆镶嵌艺术品更加完整，全貌地保存下来，这成了柏德元为之呕心沥血的愿望和前行的动力。

"中华漆器的美和艺术造诣为外宾所欣赏和垂青，但因为一些历

柏德元作品

史原因，大批漆器艺术品流落到国外，有被私藏的也有被博物馆收藏的。据不完全统计，世界各大顶级博物馆基本都有中国漆器的馆藏，它们是中国历代漆器精品的重要组成部分。"

柏德元的梦想是能够在有生之年把这些遗失在国外的藏品复制出来，让中华漆艺再放异彩。"这是我们这一代人应该担当起的历史责任。"他说，"我们要做的另一个工程是仿制、复制宫廷漆器，北京金漆镶嵌厂历史上曾经做过一部分。皇宫里的漆器具有独特的皇家风范，是中国漆艺的代表，精湛的技艺无与伦比，艺术价值不可估量。"

保护民族优秀的遗产，传承金漆镶嵌宝贵的技艺，成为第五代传承人柏德元一生为之追求的事业。他唯一的儿子、第六代传承人柏群也和他一样，全身心投入到金漆镶嵌和燕京八绝古老技艺的传承活动中，从京城的各条战线到京津冀三地，最后到全国大部分省市，都有

柏群

他们为"振兴传统工艺，弘扬中华优秀文化"忙碌的身影。

在京西驼铃古道上的磨石口村承恩寺内，有一座陈列展品琳琅满目的博物馆，内藏精美绝伦的北京漆器和燕京八绝艺术珍品。这里已经成为北京乃至全国的文化传播基地，各种文化讲座、体验、展览、交流活动，为北京金漆镶嵌技艺的传承注入了勃勃生机。

"除了本民族的珍贵遗产，每个民族都要不断汲取其他民族、其他国家的优秀文化遗产，才能使自己的民族精神发扬光大，这也是中国古老工艺美术至今仍然闻名世界的缘故。"遵从此理念，柏德元行走在一条彰显祖国传统技艺的五彩斑斓的道路上，他像哲人一样思考，像匠人一样劳作，像使者一样传播，乐此不疲。

红墙绿瓦竹风筝

在北京，蓝天朗日下，我们看到一个放飞的城市；在胡同的槐香榴红里，我们总听到童谣"姐妹二人到城东，二人城东去逛青，捎带着放风筝。姐姐放的是花蝴蝶，妹妹放的是活蜈蚣，飘飘悠悠起在空，好似一条龙"。在风筝上我们看到世界，在童谣里我们玩味北京那份独有的幸福。

风筝，可以说是个亲民的玩具，不贵，有技艺，有寓意，买得起，玩得会，便于参与，所以北京市民非常喜爱，尤其是在启蒙教育的时候对孩子的吸引与影响很大。

一门娱乐全民的手艺

如今的孩子们真是幸福，不用担心糊风筝耽误了学业被家长训斥，因为风筝制作技艺被纳入了一些学校的校园文化教育内容。教授这一门课的老师是那些老北京制作风筝的家族传承高手，哈亦琦便是其一。他搜集、绘制了自清光绪二十九年（1903年）至今哈氏风筝的百幅图谱。

2018年暑假期间，北京展览馆内的民俗文化体验活动现场，哈亦琦用现代化传播方式，向到场的学生们传授哈氏风筝制作技艺，现场还配备有制作材料、上色颜料，学生们边学边实践。这一活动成了该届民俗展览会上一道热闹的风景。

各种展览展示活动吸引了大量的爱好者，特别是首都博物馆展厅里收藏展示的哈氏风筝更是让许多孩子流连忘返。我前后三次到这里拍风筝，每次都有很多孩子在这个展厅观看，有用手机拍摄的，有拿出小本子画的，也有挤在风筝前合影的。孩子们迟迟不离开，我灵机一动，请他们给拍照，于是才得到和那个葫芦形风筝合影的机会。

这面葫芦形风筝上的纹饰主画面是一位男童，手举两枝莲花，莲花在花朵处重叠为一朵，浓墨交融，前粉后黑，带有浓郁的传统民俗画《连生贵子》的寓意。但举着两枝莲花的男童正在与一只翘首的喜鹊呢喃细语，又蕴含了"喜事连连"之意。风筝的葫芦形选择也体现了中国具象吉祥文化，葫芦，寓意福禄，有福禄万代、多子多孙之意，那么一个葫芦上有莲花和男童，又寓意喜生贵子。看似一幅简单的风筝画，却荟萃了多种民间吉祥文化的内容，可见绘画者的用意之深，器形与画面纹饰的搭配之巧。当我们看到一只吉祥福禄的风筝带着人们的美好愿望在天空飞翔，是为喜庆之事。

我们所见到的这面收藏在首都博物馆的葫芦形风筝，其实是哈氏风筝的第四代传人哈亦琦于2010年制作的复制品。该风筝的原件在哪里呢？"这个风筝的原件在美国旧金山自然博物馆呢，是我祖父哈长英在清光绪二十九年（1903年）制作的一只风筝，那时候哈氏风筝在北京地区名声很大，美国教授罗福在北京琉璃厂一下子买走了四只硬

哈亦琦复制的收藏于首都博物馆的葫芦形风筝

拍子风筝，其中包括这只葫芦形风筝。"

四只硬拍子风筝中，第一只是代表祥瑞的葫芦形风筝。第二只是形制借鉴中国青铜器的香炉风筝，香炉置于博古架之上，提一只风筝在手，犹如提着一座香炉，此文房形制的风筝放飞到天空，即是将中国几千年的古老文明彰显于世。第三只是双鱼风筝，双鱼风筝整体为粉色，很暖，抽象的器形带有几分卡通韵味，"客从远方来，遗我双鲤鱼，呼儿烹鲤鱼，中有尺素书"。予以风筝信使的美愿。第四只风筝是钟馗形象，并不是风筝上画有钟馗，而是风筝的整体形制是钟馗人物。钟馗是中国民间信仰的万应之神，虽然相貌奇异，却是学富五车、才高八斗的人物，民间敬慕他的是其正气浩然、刚直不阿的精神。

以上四只风筝是哈氏风筝的早期作品，形制各异，寓意美好，彰显中国五千年文明，又契合老百姓日常祈愿，一直深受老百姓喜爱。哈氏风筝能传世至今，不仅仅是因为其风筝制作技艺的独到娴熟，还有因为其器形和画面紧紧关联中国传统文化的艺术风格。以风筝达意，体现了百年前哈氏家族自身具有的高深文化修养。

放飞京城最美的风景

哈氏风筝传人哈国良于清朝光绪年间在厂甸开设了"哈记"风筝连家铺，匠心独运巧做出"南城瘦沙燕"，有些还被选为清宫贡品。有一张哈氏风筝于老北京街头的照片，于1920年左右被刊登在美国

《国家地理》杂志上。其制作技艺在中国风筝流派中代表性突出，具有画面精致、色彩对比强烈、构图古朴、远观视觉效果好、抗强风等工艺传承特色。哈氏风筝既有浓郁的北京文化特征，又在同行当中凸显鲜明的个性特质，是一项珍贵的民间非物质文化遗产技艺。哈氏风筝尺寸大小不一，小到图案精美的巴掌大的沙燕风筝，薄如蝉翼；而大到近三米长的沙燕风筝，在六级大风中也能在空中翱翔。

"我们家的哈记风筝摊，原来是在和平门外西琉璃厂东口路北拐角的地方，两间普通的平房。第一代传人哈长英做了一组风筝曾在巴拿马万国博览会上获得银奖，是一组软翅风筝，其中有蜻蜓、蝴蝶、仙鹤、花凤等动物形态。当时京城的京剧名角儿梅兰芳、金少山，商界巨子及社会知名人士，好多人都光顾'哈记'的风筝摊子，定做或者购买，老北京一些资深的风筝玩家都追哈氏风筝。"

哈亦琦承延了祖上的艺术天赋，工善，艺巧，又善画，如速写、国画、油画，他都涉猎。他说："哈氏的风筝图谱，指的是风筝上的绘画图案，是风筝最具文化内涵的部分，也是哈氏风筝的特征之一。我根据父亲的教诲，每天都画上三四个小时。当然，我也在风筝上加入一些现代元素，如今已经画了二十多年了。"

传承人哈亦琦承传了家族绝活，将传统的技法和国际先进风筝制作技艺相结合。他说："我主要参考的是外国风筝的结构和绘画。风筝与其他艺术形式不同，不光好看，还是一种飞行器，需要放到天上时展示出独特的色彩效果，所以我喜欢色彩相对浓郁的画风。"1983年，哈亦琦参加了在美国旧金山举办的中国风筝展，表演放飞"五鱼燕"风筝，获得特别嘉奖。所参赛的风筝是他用在当地购买的竹子和

从北京带去的面料，扎的近三米的瘦沙燕。那天遇上六级大风，哈亦琦依然带着自己的作品走进比赛场："同等的强度，同等的厚度，同等的重量，哈氏风筝可抗六级大风。"1994年，哈亦琦制作的百片没有横翅的"龙"风筝，采用了哈氏风筝传统制作技艺，已经被比利时国家博物馆收藏。哈亦琦不断地参加对外文化交流，为了携带方便，他制作的可折叠、可拆装的风筝，解决了巨型风筝远途携带的难题。1998年哈亦琦参加了荷兰海牙举办的国际风筝会，2001年参加了莫斯科文化交流活动；哈亦琦还曾为希腊雅典市市长古斯塔尼展示哈氏风

哈亦琦

筝；2012年哈亦琦在科隆莱茵河畔放飞龙头蜈蚣风筝……此外，哈亦琦向中国美术馆捐赠了《苍龙训子》等一百件（套）风筝图谱，及与父亲哈魁明共同创作的风筝作品五件（套）。2007年，哈氏风筝进入国家级非物质文化遗产名录。

美匏蝱音盛京城

　　鸣虫文化在《诗经》中有记载："蟋蟀在堂，岁聿其莫。今我不乐，日月其除。无已大康，职思其居。好乐无荒，良士瞿瞿。"

　　京城的鸣虫文化在清代很兴盛，不仅百姓畜养鸣虫成风，连皇帝也有种匏器、玩蝈蝈之瘾。由此份虫、范匏、配置养鸣虫的匏器口框成为一种很讲究的技艺链。

　　乾隆皇帝，日理万机之余，在丰泽园、圆明园种植农作物，尤喜匏器，写诗文以赞之："悬瓠何尝有定容？规之成器在陶镕，外模设矣得由己，中道立而能者从……"他还说，壶卢（葫芦）器自皇祖命苑监创制，尊奉成规，每得佳器，屡经题咏，以志率由前典。慈禧太后在颐和园内有专门珍藏葫芦的房子，据德龄公主回忆说，那里有一万多个葫芦，常要人清尘保洁。如今，故宫博物院珍宝无数的藏品中，有几百把留存至今的明清时期所范匏器。而老北京的各种庙会和集市则成为人们交流鸣虫文化和切磋匏器的平台。

畜养鸣虫的器皿匏器

中华人民共和国成立后，张金通成为恢复花模匏器范制第一人。

后来，京城小靳即靳建民延承了此技艺，并成为范匏名家。京城靳建民所范花模匏器，行内称其为"小靳葫芦"。2008年1月23日，靳建民拜访张金通，两位匏艺家互换所范制的匏器，张金通赠送《喜字》给靳建民；靳建民送《教九子》给张金通。

在以前的花模匏器里，除宫廷"官模"花模匏器，便数民间的

靳建民制胶膜

2018 年 10 月澳大利亚雕刻家 David Richard Hemming（王大卫）欣赏了小靳范制的匏器后说："我没有想到，在北京的一个小村子里，蕴藏着这么有艺术价值的匏器艺术品，这是外国人上百年都想不到的。"

"安肃"花模匏器出名，因此安肃又被誉为民间范匏源地。而靳建民老家便是民间范匏源地安肃（今为河北徐水大王店）。后靳家进京，靳建民便开始研究范制花模匏器模具及种植，这一干就是二十六年。从1992年开始，他用两年的时间研究如何用现代材质研制范制匏器的胶模，1994年下地范匏，一年中有二百六十多天住在地里，连续三个多月仅靠煮面条果腹。每天凌晨四点半摸黑下地，天黑才收工，在挂模高峰期时甚至到深夜还戴着顶灯操作……从一个跟我国著名画家黄均先生学过画，拜金大均先生为师的画家，到租地种植匏器的范匏者；从一个城市居民，到一个被人称为比农民还农民的耕作者，他把自己种在地里，只为了让地里能长出精美的艺术品。

前排右起：靳建民、张金通、张金通爱人、本书作者杨金凤。后排为张金通儿子、儿媳（毕鉴摄）

105

二十多年下来，靳建民说雕刻的匏器模具已经有四百多种。在器形各异的匏器上，凝聚着中华民族灿烂的文明，每件作品均倾注了作者的智慧、艺术创造力、个性审美，散发着匏艺独特的魅力，使这一曾经鼎盛于清朝的器物，成了当今又一匏器鼎盛时期的文明见证，产生着新的美学价值，特别是小靳匏器散发出的婉约文人气质。

藏家说，买了小靳葫芦，等于买上了一幅画儿，一把匏器在手，画儿也品了，匏器也玩了，要是养虫，虫儿叫也听了。著名收藏家《百葫芦斋　鸣虫葫芦》作者，2018年时已经九十六岁高寿的辛冠洁先生甚至还称靳建民为"花模翘楚"。

另外，靳建民还将中国绘画中丹青之美的艺术风韵和艺术历史价

靳建民与儿子靳隆第研究匏器范制后烂模、瞎模的原因（杨立泉摄）

靳建民纳模吊瓶（毕鉴摄）

值呈现在了匏器上。他所范制的部分匏器便具有隋唐绘画"细密精致而臻丽"的特点。具体特点如下。

一是匏器上所绘的环境及人物布局得当。靳建民匏器上人物画作风格，具有吴道子人物画特征，"特点在于线条的运用，所作人物衣纹飘动，似波浪起伏"。布局的人物及背景都做了精心处理，形象地表现出人物的时代背景、场合、喜怒哀乐，同时也突出了每件匏器的主题寓意。例如靳建民根据唐朝宫廷画家的画作《唐后行从图》范制的匏器。靳建民在这件匏器上，呈现出了唐代官员冠冕服饰的风格，将礼服、凤冠霞帔、腰间所系杂佩、足上珠宝云头履等画作元素表现得一如画作，将武则天被前呼后拥的出行场面和雍容富贵的气派表现

107

得淋漓尽致。根据黄均的画作《吴彩鸾跨虎入山》范制而成的匏器，对原画作素材进行删减，将吴彩鸾跨虎作为主画面，采用部分山川、水色、花卉景致搭配，体现出了吴彩鸾入山之境。根据《挥扇仕女图》范制的匏器，则取材于宫廷侍女形象，描绘出身锁深宫的女性生活状态，人物体态丰腴，举止生动。

二是匏器上的动物形神兼备。例如根据《柳荫双骏图》范制的匏器，纹饰为骏马于山谷间溪水畔的花草丛中柳荫树下悠闲觅食。根据溥心畬《放马图》范制的匏器，动感性极强，拉马人用力向后拉缰绳，烈马不甘束缚，四蹄蹬动，昂首嘶鸣的神态刻画得十分逼真，人与马的较量形神兼备，跃然匏器之上。根据《马上平安》范制的匏器，整个画面显得空旷而遥远，为马的飞奔留下了广阔的空间，一匹四蹄腾空的飞马，马鞍上心急如焚的驿使，风烟绝尘弥漫，写实的艺术手法，塑造了信使千里迢迢一瞬而过的紧张瞬间。他的匏器作品上还有十二生肖系列，画片儿上有生命体的动物，形神兼备，有的展翅飞翔，有的奔腾飞跑，花鸟走兽鲜活灵动。

三是匏器上的人物细致入微。例如根据明代晚期画家陈洪绶（陈老莲）的作品《无法可说》范制的匏器，吸取了陈洪绶手法简洁质朴，强调用线的金石味的特点。匏器人物《小和尚》，更是得到众多收藏家的青睐。

靳建民匏器作品的独特性之一是他的薄意雕刻技法，将我国的绘画、书法、篆刻等多种艺术形式呈现在匏器上，其雕塑精艺让人叫绝。如《富贵兔》，布局截取整个画作的下半部分，将兔子眼睛、竖起的耳朵、腿的状态、兔毛的细腻都雕刻得活灵活现，令人感受到一

靳建民范制匏器《小和尚》

脉叶、一羽毛间的呼吸与起伏，栩栩如生。

在匏器上，他尝试使用竹雕语言，将范遥青的竹刻方法用到匏器雕刻上，并成功范制出匏器作品。

王世襄先生生前收藏过靳建民所范制的匏器，并亲自送了他1993年出版的《说葫芦》给靳建民，嘱咐他匏器要突破，得向文房发展。王世襄说："匏器绝不能只限于养虫葫芦，而应当制成各种观赏器物乃至日用器物。康、乾两朝匏器品种繁多，而我们今后自应比清代更加丰富多彩，美观适用，为中国人民及世界人民所喜爱。"为此，靳建民利用七八年的时间往文房方向发展，创作范制炉系列十几种，范制了水丞、香桶、花觚、扇骨、印泥盒等一系列文房类匏器，已形成

靳建民范制《炉瓶三事》(款式 1) 左起：香炉、箸瓶、香盒 (杨立泉摄)

独特风格，为我国范匏技艺发展找到了新的方向。

近几年，靳建民又雕刻、范制了文房系列的扇子、北京特有的炉瓶三事等文房匏艺作品。

巧做幽居千万间

清代潘荣陛《帝京岁时纪胜·蝈蝈》："以雕作葫芦，银镶牙嵌，贮而怀之，食以嫩黄豆芽、鲜红萝卜，偶于稠人广座之中，清韵自胸前突出，非同四壁蛩声助人叹息，而悠然自得之甚。"

有了畜虫的匏器，首先需要给匏器加工配置上口框和蒙芯，才能养鸣虫。给鸣虫葫芦做"门"儿，等于给它们造个能唱歌的房子，肖志国就是给鸣虫安装"门窗"的人。买了装蝈蝈、蛐蛐、咂嘴、竹蛉等鸣虫的葫芦回来，先要按照尺寸对葫芦进行截取，畜养不同鸣虫的葫芦器形、大小不同，加工手法也不同。蝈蝈葫芦的口圈多以红木为主，瓢盖多用厚厚的瓢葫芦为原料，这种做瓢盖的葫芦原材料在肖志国家院子里挂了一排，他说是早些年间买的存起来的。蝈蝈葫芦的盖子有独眼、五眼、七眼，老北京多为紧七散五。

"蝈蝈、咂嘴这类鸣虫，施与瓢盖，虫儿叫出来的音质好，自从我太爷那辈就用瓢葫芦做瓢盖材质，一百多年了。瓢葫芦做瓢盖价格便宜，过去也有用象牙、玳瑁、红木的。"肖志国说。

不同器形的匏器，配上什么材质的口框和蒙芯也是有说法的。鸡心器形、棒子器形、柳叶器形、玉簪把器形、油瓶器形的葫芦配单口圈就行，可以用五眼瓢盖或者七眼瓢盖来对虫对音儿。用于畜养油葫

111

芦和蛐蛐儿等鸣虫的葫芦，装配以口框蒙芯为主。

常言说，买得起好马，要配得起好鞍。但匏器配置瓢盖却不是这样，选取材质的时候，首先要考虑所选取的材质是否适合鸣虫发音的需要，而非材质越珍贵越好。王世襄在《中国葫芦》一书中写道："瓢质轻而松，有利发音，真正养虫家无不用此。其值甚微，却大有讲究。"

由于选择不同材质的材料配置口框，直接关系到鸣虫的发音，所以在制作口框之前，要将匏器的槎口裁好，用锉把槎口锉平滑。然后根据主顾的要求选取加工的材质，即用工具把材料切割下来，对这块材质进行细致的打磨加工，所加工的口框和葫芦口的尺寸以及蒙芯的尺寸，三个尺寸的咬合要合适，力度不能太大，也不能松脱。"我们叫'落翻儿'，翻儿，就是葫芦脖以上喇叭口那地方，第一步落翻儿，把葫芦翻儿以上的地方裁掉，落翻儿直接关系到鸣虫的叫声好不好听，差一韭菜叶儿的尺寸，出音效果都不一样。"落翻儿，配口框，不仅仅关系到虫具的审美，还有声学的要求。

蒙芯分高蒙芯、平蒙芯，其材质和款式要看主顾爱好，当然也会考虑主顾的经济条件。蒙芯选好后，再加工蒙芯。

做瓢盖就是按照尺寸锯一块瓢下来，打磨、加工，锉圆打孔。一个适合做瓢盖的大葫芦，其底部和葫芦口的地方厚度是不一样的，有些人就喜欢葫芦把的地方，因为葫芦皮质厚，但加工起来麻烦，瓢盖像个马鞍形状。肖志国管这个叫济公帽，很像济公头顶之上的佛帽。

葫芦裁完口、做完口框、做完蒙芯，最后用胶把口框和葫芦槎口接牢固，这样一间鸣虫的房子才算建好，畜养蝈蝈的葫芦再加上个

肖志国（左）与父亲探讨瓢盖制作

铜胆。

如果用葫芦养蛐蛐，不但要像上面那样配上口框和蒙芯，还要给葫芦砸底，砸底是用自制的土进行加工。

民俗文化与其所居住地域的政治、经济、文化环境紧密相关，清代以来，京城盛行畜养鸣虫，由此催生了肖志国祖上给鸣虫葫芦旋口框、加工蒙芯的匠艺。

"干我们这行，一个是受到顾客的尊重，一个是能结交朋友。有一次我在十里河市场给人加工一把小靳范制的花模葫芦，结果把葫芦弄坏了，要赔钱是个不小的数目。当时正好小靳就是靳建民先生经过这里。他一听说，一点没犹豫，从书包里拿出一把他自己范制的葫芦

就给了我，并且说：'哥们儿之间这时候不帮着什么时候帮着！'小靳的葫芦当时稀少，买不到，那把葫芦是个山水墩纹饰，这事儿，我特别感激靳先生，现在给顾客加工的那把碎葫芦我还留着。说实话，那根节儿上，靳先生帮了我一把，才让我没栽跟头。"

肖志国也喜欢玩葫芦，他收藏小靳葫芦十五六年了，其他各类葫芦品种很多。"我收藏的葫芦有花模、素模、本长、老布模、纸模。就是喜欢这玩意儿，因为这东西里有文化。"

只听蛩声已无梦

据《顺天府志》记载，清末北京"花市西者有油葫芦市，并卖蛐蛐、蝈蝈，十月盛行，以竹筒贮之，纳入怀中；听之鼠须探之，即鸣"。老北京人喜欢蝈蝈这种冬虫，怎么办？冬天蝈蝈在自然界没有了，就有人工份蝈蝈，也是一种老北京的民俗技艺。京城份虫，当数寇家，玩蝈蝈的甚至是不玩蝈蝈的都知晓这个家族的大名。

找到份蝈蝈的寇家，是在房山的大韩继大集上，不过不是寇家人，而是一位叫白健的份虫技艺者。六十一岁的白健本是在城里牛街住，退休后为了份蝈蝈，在房山租了农民房，他和徒弟王淼一起份蝈蝈。四合院里，放着几口大罐，灰色，有的已经破裂，很有年代感，白健说这大罐是寇家祖传的，有几口是民国时期的老罐。

寇家的份蝈蝈大罐怎么会在这里？2018年1月23日，在白健家见到了寇家的姑爷，六十三岁的薛志远。

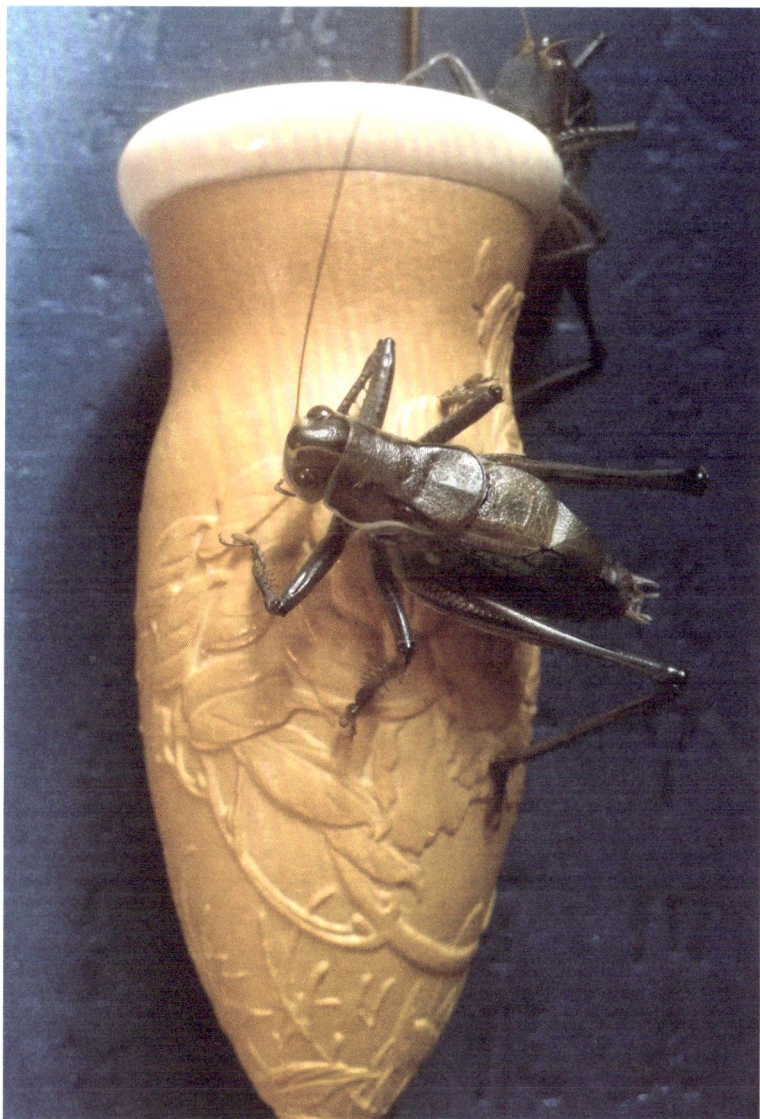

2018 年冬白健份的蝈蝈，匏器为靳建民范制的《风芍药》(黑阳　摄)

薛志远说："溥仪从宫里出来后，宫里原来的人把这技艺传到了社会上。有一个住在西城糖房胡同叫李四的人会份蝈蝈，那时候份房就在那个胡同，份蛐蛐、蝈蝈、油葫芦的都有，份蛐蛐有名的是赵子臣。"寇双堂就是跟李四学的份蝈蝈。

白健说："他们寇家人都会份虫，寇艳琴和寇淑琴姐俩都会弄。"

薛志远的爱人寇艳琴，是寇双堂的子女，女孩子中排老三。"小时候瞎玩，大哥寇金生开始住四季青，份虫，我过去帮忙，就学会了。他的命也是搭在份虫上的。冬天份虫室内要有一定的温度，他是在一个地下室熏死的，如今过世二十五年了。我更觉得这手艺不能扔了，我和爱人商量，把手艺继承下来了。我找了个车，把东西从四季青的地下室拉出来，大瓦罐八九个，当时还有没份好的蝈蝈、油葫芦。如今网上流传的视频是寇金宝讲的。"

寇金生出事的时候，留下蝈蝈三四百条，油葫芦有三四十罐，薛志远和爱人寇艳琴拉回来七八罐，其他的连罐和虫都扔了。"现在这罐都没地方收去，直径五十厘米的罐，俩手指头就拎起下来了，特别薄，寇金生死后，我开始自己弄，我爱人是跟家里父亲份虫，会这么一门手艺。怎么喂虫，怎么做虫的食儿，有特别多的讲究。我们不说喂食儿，说打点食儿，食儿是往菜帮子上抹。"

份虫是个熬人的活差，一天睡一个多小时，连着二十多天，天天给蝈蝈接生，脱大壳的时候最关键，一共脱六次壳。蝈蝈脱壳的时候，脱不下来就扔了。刚脱下来的时候特别嫩，得吃壳皮，不吃也是死，等于壳皮是它的骨骼。

薛志远后来身体不好，就把份蝈蝈的老罐和手艺传授给了好朋友白健。白健喂蝈蝈的食物很讲究，美国进口的燕麦粉往食物里掺。

白健说："蝈蝈需要脱六次壳，脱壳时如果大腿没脱下来就残废了，所以份虫能得到一个极品的蝈蝈也不容易。"

京城玩虫的人基本都认识王世襄，寇家份的蝈蝈也不例外，他们曾给王世襄送过蝈蝈。每次去，王世襄都先给准备好饭菜。薛志远说："那时候老百姓家里没电话，一到要虫的时候就给寇家街道打电话，寇家人去街道上接电话。王世襄电话里说：'我没时间，麻烦给送过来吧。'等把蝈蝈送到王世襄家，他先让吃饭，还另给二十块钱，算路费，他老说：'大老远的受累了。'"

京城玩家，玩的是个局气，仗义。

薛志远（右）与白健（中）、靳建民（左）探讨老北京份虫技艺

鉴赏技艺靠玩家

皇城根下北京人有玩的遗风，且玩得讲究、地道、道行深。说玩家，首先是奇人王世襄先生。北京年轻人里，王世襄先生的"粉儿"很多，徐岩便是一个。

1980年出生的徐岩，身边一群"玩迷"，都是王世襄先生的追随者。俗话说人以群分，他的小圈子里有养虫的、玩葫芦的、在"文玩天下"做CEO的、研究京城玩文化的，一应俱全。

玩友们手里的钱也是都花在玩上，徐岩就曾经收藏了一百多把养虫儿的精品葫芦。"我打小就爱玩蝈蝈，我第一把蝈蝈葫芦是在原来的西直门大铁桥鸟市地摊买的，五毛钱，我小时候奶奶经常给我买蝈蝈。说实话，北京孩子，没玩过蝈蝈的少，家里几辈人都是在京味儿文化氛围里生活，孩子自然就都好这个。"徐岩说，"喜欢鸣虫文化是工作以后，每个礼拜必去当时的西直门花鸟鱼虫市场上逛逛。"

2016年，前门要举办非遗展演、非遗竞技、非遗拍卖、非遗体验综合活动。参与此项工作的徐岩琢磨着借这个"百年天街，千年工匠"聚集全国的传统技艺高手们的平台，推出什么能体现北京味儿的东西好。于是，徐岩想到了鸣虫文化。因为在徐岩看来，鸣虫文化是体现北京记忆的内容之一。但是对于前来的全国各地非遗项目传承人和熙熙攘攘的参观、体验者而言，老北京的鸣虫文化未必大家都了解，尤其是背后的地域文化、审美意境。

为了这个鸣虫文化展，徐岩提前两个月就开始运作，与领导沟通项目内容，争取到了二层展厅内三十多平方米的一个相对独立的空间。徐岩讲，其展出的鸣虫器具有两部分，一部分是借用了金针李家的罐子；另一部分是匏器，徐岩跟京城范匏艺术家靳建民多次沟通后，由靳提供了部分展品。"这次展览和拍卖取得了非常好的效果，小靳的葫芦有两件在拍卖会上拍出，也是出乎我的意料。"徐岩事后回忆道。

徐岩坚信，不管北京这个现代化的大都市如何繁华、时尚，但民众中蕴藏的北京地区传统民俗文化还在。当然，这需要更多年轻人去传承。老北京地道的玩儿文化，也是一种传承。"得有人做这个事儿，前门地区代表传统的北京民俗文化聚集地，不仅老百姓喜欢，很多名家大腕也青睐。"

"我们80后这一代的北京土著，从小住过平房的孩子都是伴随着鸽哨声和蝈蝈叫声长大的，这两种声音在童年印象很深。虫戏或者戏虫，在大人和孩子面前都已经是一种无法泯灭的最美的声音。自然界中的天籁，是儿时的歌谣。"

徐岩最敬佩的人是王世襄先生，崇拜王先生系统的学识和广博的爱好，这对徐岩的收藏和传播京味文化影响很大。每到秋虫鸣叫时，徐岩和他的玩友们，便会聚在一起侃上几次，聊老北京的声音记忆，聊鸣虫文化渊源。

鸣虫文化，一虫之微，一器之朴。其中所蕴含的民俗与文化内涵，开掘不尽。

徐岩与北京著名篆刻家郑怀忠

"堆彩浮雕葫芦"成国礼

历史上，清朝皇帝曾把葫芦器作为珍贵的有特殊意义的礼品，赏赐皇室、大臣，馈赠外国使臣。如今，有人将葫芦器作为文化交流的吉祥物赠予国外友人。他叫徐浩然，一位传播中华文化的行者。

中国的百工技艺之巧，甲于天下，富于艺术魅力的葫芦器便是其一，常年劳作的葫芦种植户、几代人潜心传承的无形文化遗产不被外界知晓，"葫芦娃"徐浩然，担当起了把种植者的成果和工匠们精彩的葫芦技艺作品传播出去的使命，这在当下世界文化相互融合的时代，尤为有意义。

徐浩然五年来奔波于北京、新疆、西藏、山东、河北……一个地域一个地域地挖掘、汇集起民间工艺者的作品，工艺形式多样，彩绘的、雕刻的、范制的、勒扎的，集当今中国葫芦工艺之大成。无数精妙的葫芦艺术制品，被他推广到国外。

在京西有一个传统与现代融合的葫芦工坊，我在那里看到了徐浩然搜集的各国葫芦文化资料，蔚为大观：各种葫芦器形、各异的葫芦乐器、美味的葫芦饮食、新颖的葫芦化妆品……

"给自己规划了事业行走的路线，打造一条当下国内还没有的葫芦产业链，葫芦种植、加工、研发、创意、销售，总得有个名头牌号啊，我就起了个名字，叫'葫芦工坊'。"徐浩然决心要把中国传统的葫芦成品、加工品、艺术创作作品，从以往的集市、私下交流升级

徐浩然在葫芦地

为融入时尚元素，使用现代化文创产品流通方式，推向国际文创产业舞台。

他与国外葫芦文创市场对接，接洽了美国、英国等国的合作者，踏上韩国、土耳其等国家的土地，行走于葡萄牙、西班牙、法国。葫芦工坊的"堆彩浮雕"葫芦，作为国礼赠送给三十多个国家的外交官和政要。典雅、大气的工艺，"堆彩浮雕"葫芦寓意上有中国传统文化的吉祥、福禄，外观上喜庆、华丽。

做阳光工程，是徐浩然坚守的文创产业链理念。如今，葫芦工坊已成立了八个葫芦艺术工作室，与意大利、法国、加拿大等国艺术家签约合作，组建了海外设计工作室。葫芦技艺类品种二百多种，产业链上国外联系人已经形成一千二百多人的群体。徐浩然建立起了葫芦档案库，拍摄了十多万张国内外葫芦照片。2018年，徐浩然在韩国建起了葫芦文化博物馆。

"布道者手心向下，而我只是个行者。"徐浩然说。

一盘一锤百年戏

　　一个微缩的京剧舞台，一面铜盘，手持一把边锤儿，敲击铜盘边沿，铜盘中的生旦净末丑便展现出各色功夫。八十岁的白大成先生，六十年来巧手造鬃人，走到哪儿便把一台鬃人戏带到哪儿，在尺把的神奇舞台上，传播国粹京剧文化精髓。

　　白先生跟着学艺的前辈是王氏鬃人，王家住在南池子。有了京剧才有了鬃人。第一代做鬃人的出现在清末，但真正在市场上销售鬃人的可能只有王家，加之王家做出来的鬃人特受欢迎，"鬃人王"的名声就传开了。白先生就是跟着第二代"鬃人王"学的技艺。

　　"20世纪50年代，在如今北大医院爱民街上有个老先生，姓王，我就是跟老先生学的制作鬃人技艺，我有绘画基础，很快就掌握了鬃人工艺技巧。"

　　学做鬃人的时候白先生十九岁，今年八十岁，做了六十年，用鬃人养活了一家人。

　　鬃人的题材大多是戏剧中的武生。做好的鬃人放在铜盘里，小锤敲击铜盘边沿，鬃人在铜盘里能旋转、行走、对打，能展现出舞台效果。鬃人底座下面猪鬃排列的角度不同，人敲击铜盘的边沿的轻重缓急不同，鬃毛的稀疏密度直接影响着铜盘上鬃人的行动效果，鬃毛太密集，鬃人行动迟缓，而鬃毛太疏松，鬃人身体不平衡，都不算合格的玩意儿。

毛遂自荐

20世纪50年代，白先生曾在北京航空工业学校就学两年，掌握了绘图方法，50年代末休学，在家养病。

当时王先生已不再做鬃人了，但白先生却是一直痴迷这玩意儿，于是就拿了自己做的鬃人到中国工艺美术服务部给一位同志看，对方看后，说："应该恢复这门技艺，但是最好请第二代的王先生继续做。"白大成先生解释说，现在做这个手艺不能吃饭养家，怎么办？做出来得有销路才行。

白先生从协会回到家后，就给市政府写了封信，大致意思是说鬃人这项北京的玩意儿，过去民间很受欢迎，我现在年轻，也有志向恢复传承这门手艺，能不能给我一个可以销售的环境。

北京市政府把白先生的信转给了当时的西城区政府。西城区政府来人调查，说当下正是社会主义合作化时期，没有个体经营的，你制作出了鬃人上哪儿卖去呢？

"我又想辙，自己去找销路，再次找到中国工艺美术服务部的同志，那时候中国工艺美术服务部还是平房，位于王府井，他们的负责人拿去一看，当时的服务部里还真没有鬃人这个艺术品种，当即给我设立了一个柜台。从此开始，我做鬃人，他们给卖。20世纪50年代

白大成和他制作的鬃人孙悟空

末，工艺美术服务部经营是政府批的执照，那时候多数的老艺人都进入了彩塑厂、民间手工艺厂、玉器厂等，唯独批准鬃人这个项目个体经营，自此我一直坚持。"

那时期社会活动多，五一、十一北京都有庆祝活动，天安门活动也多，国家请的各国外宾都来参加这些活动，是个销售鬃人的好机会。白先生正是将制作好的鬃人出售给了外国人，才维持了一家的生计，而鬃人的手艺也就这么艰苦地传承了下来。不然鬃人这门手艺，在20世纪50年代末有可能就消失了。

也有粉丝追

鬃人说起来算是个小众的艺术，但鬃人收藏者北京、外省市、外国的都有。

有位山东省青岛市的鬃人爱好者，给白先生打电话，说看了电视上

播放的鬃人报道，正巧她爱人到北京出差，想求一件白先生的鬃人作品。白先生问她要什么题材的，对方说要《大闹天宫》，此后又问能不能做一出《摘缨会》，白先生说这出戏没人唱，对方坚持说就喜欢这出戏。这出戏在20世纪50年代，谭富英曾经演过，后来很少演。白先生说："我给你做四个人物吧。"

没多久，对方又让白先生给她做一出短打的戏《三岔口》，做完了效果特别好，后来白先生才知道，这位喜欢用鬃人表现京剧艺术的人是位学校的老师。

国外喜欢鬃人京剧的有曾任俄罗斯驻华大使馆文化参赞、前上海合作组织常务副秘书长扎哈罗夫，其夫人扎哈罗娃是普希金博物馆研究员，曾经出过一本书，其中第一章就是白先生的鬃人《中国的民间美术》。

白先生说："他们找到我也是用了心思的，先是找到中国美术馆，后来又打听找到北京市人民政府外事办

128

白大成演示鬃人操作

公室（下文简称外办），外办又联系到了北京市民间文艺家协会（下文简称北京民协），说是找一个做鬃人的会员，我们终于在1990年见面了，地点在长安街，那时候北京民协的办公室在那里。"

多种方式传承

北京的民间手工艺，有其特殊的文化涵养，呈现出明显的地域特征，由此也凝聚了国内外收藏家、鉴赏家的注意力。

20世纪80年代，北京还没有潘家园古玩市场的时候，长椿街附近的胡同里就有了地摊儿集市，另外还有玉渊潭公园门口、什刹海等几处集市，天天有东西南北各个地方的游商来售卖。白先生家住新街口，早晨去什刹海遛弯，看到有人卖紫砂壶，上面是戏曲题材的画面，一二百块钱白先生就收了，从此白先生开始收藏各类戏出的器物、绣品、年画等。白先生收藏的戏曲题材绣品曾在大观园、恭王府、戏曲博物馆、湖广会馆等地办过专题展览。

如今，这些收藏都派上了用场，白大成先生的儿子白霖在国内外讲课的时候，将其做成PPT，直观教学。

"老北京鬃人技艺传播进课堂"的活动从2007年就开始了。北京市第214中学的王校长慕名而来，找到白先生，问能不能给学校做一出戏《穆柯寨》。白先生欣然答应，后来王校长说："白先生，因您对民间艺术了解，学校想请您给学生讲讲民间艺术。"白先生欣然前往，自此开始了北京鬃人技艺的校园传承。

如今，从英国留学回来的白霖，全身心投入到了北京鬃人技艺的传承，到校园、社区进行传播，接待到家里来参观的各国朋友。一些专职的翻译，涉及民间文化方面的词汇时就会卡壳犯愣，但白霖就不会，因为他既了解北京民俗文化，又有国外留学经验，所以他做的翻译恰当准确。

盔头尽显境界美

盔头是指中国传统戏曲中人物所戴的各种盔帽，舞台常用的近两百种。一顶硬胎盔头制作工艺流程经过设计纹样、量演员头部尺寸、喷花样、镟活儿、加纱、掐丝、贴里子、拼胎、烫活儿、刷红土子、沥粉、包胶、刷漆、贴金、走金、点翠（或点绸、点蓝）、成装。清乾隆二十三年（1758年）宫廷就有盔头作，可见京剧是皇宫内传播的重要文化艺术之一。

杨玉栋说："接受盔头脸谱艺术的人很多，有系列收藏的，有请了穆桂英等武旦回家挂起来的，有把钟馗作为纳福迎祥吉祥物的，有敬慕民间忠义千秋关老爷的，有专门收藏美猴王的，各种需求，也就促使我在题材创作上的广泛，题材多，技艺涉及的内容也多，传承、发展、研学的使命也就更重了。"

著书

虽然"盔头作"在故宫"清档"中可查阅，但专门把几百年盔头制作技艺系统化记录成书的还没有，直到2011年杨玉栋著《京剧盔头

杨玉栋制作《典韦》

与彩塑脸谱制作技法》出版，才填补了这一历史空白。"这是一本打了七八年腹稿，吹了三年'牛皮'的书……在当今这个精彩的、物欲横流的大千世界中，有几个年轻人能像我们这一代人那样，拿着每月三十七元的工资，过着苦行僧一样的生活，几十年如一日学好一门技术。"杨玉栋在该书的前言中写道。

2017年，他又经过多方努力，编著了《富连成京剧脸谱集》一书。这本脸谱集的成书，是他从京南的潘家园旧书摊上淘到的一本《群强报》报纸的剪贴本，该报纸1912年12月在京创刊，而该剪贴本是由《群强报》每期刊登一幅的刊载剪裁下来后，按照顺序粘贴好，装订成册的。富连成社是1904年创建的对我国京剧艺术做出巨大贡献

杨玉栋

的科班。面对如此宝贵的历史资料，杨玉栋从2009年开始，整理这本京剧脸谱的黑白稿，绘描彩图。"那年我戴着老花镜、一笔一画勾描图形，一点一块填充颜色。"

那些收集到的报纸相当陈旧，加上当时印刷条件的限制，想把发刊时的黑白图像还原成舞台上的彩色效果，杨玉栋费了大功夫。"每个脸谱的谱饰、色彩得准确无误，忠实原样，容不得一丝一毫的改变。"三年之后，一百多幅谱饰接近完成之时，鼓励他做此事的刘曾复老先生却过世了。"我一定要让这本书面世，完成这份宝贵的京剧文化遗产。"杨玉栋靠着这份信念完成了该书。

入行

1966年，杨玉栋走进北京盔头戏具生产合作社做设计和制作指导。"这原来是个制作盔头（京剧演员戴的帽子）、把子（演员表演时手里拿的刀枪）、髯口（演员的胡须、头套）的工艺厂子。"

杨玉栋不断地探究脸谱的历史文化渊源。但在他生活的那个特殊的年代，只能做李玉和的红灯，阿庆嫂的茶壶、茶碗，座山雕椅子上的大雕，洪常青的太阳帽这些与传统戏装风马牛不相及的道具。

后来这厂子改成了电子元件厂，保留下一个恢复传统戏剧盔头制作的车间，杨玉栋就常去"打下手"，师傅张连成是给马连良、梅兰芳、谭富英、裘盛戎等名角做定制盔头的老艺人。"在师傅的指导下，我终于用上了在美术学校掌握的本领，比如为十八罗汉脸型翻制一套石膏模具，用了近三十年时间。过去舞龙时的龙皮都是手工绘画，三四个人一天才画一米多，我刻制了一套套色版，一人一天就能印五六米。"

后来，师傅张连成成了杨玉栋的岳父。"我岳父最露脸的是20世纪50年代，复制定陵出土的凤冠，凤冠是点翠的，带着九个凤，时任故宫博物院院长的朱家溍点名让岳父复制，直到现在，定陵和故宫展的凤冠都是岳父复制的。"

"有人吸烟上瘾，有人喝酒成嗜，我对于脸谱就是这种成瘾成嗜的痴迷，只要有脸谱展，我都去看。"

杨玉栋制作《钟馗嫁妹》钟馗

20世纪80年代，中国美术馆举办"北京民间艺术欣赏"主题展览，杨玉栋彩塑脸谱一亮相，便吸引了众多人。通常的脸谱，即使是佩戴盔头也是在泥塑基础上绘制而成，杨玉栋脸谱盔头完全是根据制作京剧盔头的手工艺程序，按照比例缩小而成，作品的精美度与戏台上使用的别无二致。

脸谱杨

杨玉栋的夫人张月兰是京剧盔头技艺北京市级非物质文化遗产代表性传承人，儿子杨东海是海淀区区级传承人。在京城，脸谱杨的脸谱彩笔不但画进了校园、社区，画到了全国各地，还画到了丹麦奥尔堡市议会议长的脸上。

"我所有的作品注重对眼神的刻画，从各个角度看，盔头人物的眼神都在看着你，因为点眼睛的技法借鉴了雕塑和油画的特点。净角儿最讲究的是髯口，用的是真人的头发，其自然下垂效果是别的材料无法比的。"

杨玉栋从儿子小的时候就开始教："一气呵成，不能打草稿，也不能反复描，否则色彩会使脸部不平，要眼到、心到、手到。"

光这个功夫最少也要画到上千个脸谱才能练出来。脸谱看上去千变万化，但既然叫谱，就不能丢掉规矩。画的脸谱内行人一眼就能认出来，是哪个演员在哪出戏里的角色。比如都是画孙悟空脸谱，杨玉栋画李少春演的，谱饰是倒置一口钟，也叫"反葫芦"；画李万春

137

演的，那谱饰就是倒置一口桃了。画脸谱眼神刻画最关键，因为眼神最能体现内心世界。不同演员在戏中高兴、发怒或者思考的时候，眼睛的轮廓、瞳孔的形状都会发生细微的变化。一般的脸谱只是一个光头，杨玉栋首次把演员的盔头、髯口等按照比例缩小，做成半立体的形状，和脸谱结合，更好地还原京剧演员在舞台上的艺术形象。

非物质文化遗产跻身大学校园。2018年8月，海淀非遗科学城与中国人民大学合作，举办了"非遗技术学研究基地"揭牌仪式，杨玉栋与学校文艺复兴研究院高级研究员仲文揭牌，稍后又共同为该研究院的研究生等听众做了第一场非遗（京剧及京剧脸谱）讲座。

戏说千古事，杨玉栋用一顶顶精心巧做的盔头诉说。

杨玉栋制作京剧盔头（局部）

虽由人作　宛自天开

　　她，一个和石头对话的人。温婉中的执着如石般立于天地而不弃。她说："天地至精之气，结而为石，负土而出，状为奇怪，或岩窦透漏，或峰岭层峻，其类不一，至有物象宛然，得于仿佛。虽一峰之多，而能蕴千岩之秀，瑰奇可爱，大可列于园馆，小可置于几案……"逆时光而回，她仿佛在宋代杜绾的文字里，营造今天的诗画。

　　戊戌年（2018年）5月27日，北京的天气已经很热了，韩雪萍一袭旗袍，头发绾于脑后，颇有几分江南女子的精致。

两本书，几代情

　　韩雪萍带来了两本书，封面颜色几近一致，都是中国建筑工业出版社出版。《山石韩叠山技艺》著者韩良顺，韩雪萍的父亲，出版时间为2010年，近五十万字。

　　我国现代建筑学、建筑史学家、中国建筑教育及中国古建筑研究的开拓者之一刘敦桢，毕生致力于建筑教学及发扬中国传统建筑文化，20世纪50年代，他常到无锡、苏州等地调研园林遗存状况，自然要找一些叠山艺匠交流，韩良顺由此结识了刘敦桢先生，对于韩良顺来说，双方书信来往，留下了珍贵的文字资料。1958年，一身好匠艺的韩良顺被派去大炼钢铁，刘敦桢得知后，万分惋惜，亲自找到苏州市的领导，他难以理解这样的安排："这样的叠山人才，怎么不务正业，去炼钢铁呢？"刘敦桢的爱才谏言挽救了韩良顺，韩良顺回到了造园叠山的岗位，投入到修复苏州网师园云梯假山的工作。

如果说韩良顺离开炼钢炉当感激刘敦桢的话，那么我国现代杰出的作家、文学翻译周瘦鹃是把韩良顺推上擂台的伯乐。1963年，周瘦鹃六十九岁，韩良顺二十三岁，周瘦鹃先生称韩良顺为"小韩"。

某一天，周先生把韩良顺叫到苏州王长河头4号的紫兰小筑。韩良顺进门后，发现周先生一脸严肃，这让韩良顺内心有些忐忑不安。"给你一项任务，去和日本人比艺，杀一杀日本人的傲气。"韩良顺望着周先生期待的眼神里显露出的"国不可辱"的尊严之气，还没弄清是怎么回事儿，就点头答应了。

受师之托，韩良顺来到了上海。开擂前，韩良顺主动伸手与日本参赛选手握手，但傲慢的对方根本连手都没伸过来，把韩良顺晾在那儿。韩良顺暗暗想，咱们在技艺上见分晓。日本选手在桌子上写下了"春、夏、秋、冬"，韩良顺随即刻以"重、山、复、岭"相对。

当天晚上，韩良顺沉思良久，他是带着周先生的嘱托来的，也是

肩负着国人的一份期望来的。"中国现在没有一个年轻人能叠山，叠山技艺属日本。"这是日本盆景专家在上海龙华盆景园里所言，周先生也正是听了这话才找到韩良顺来和这位日本专家打擂的。韩良顺久久难以入眠，辗转反侧，他构思着自己的作品"四季假山"。

第二天，韩良顺"择地放线，挖土掇山：春山最高，居中左；秋山次之，居中右；夏山依春山居左边；冬山依秋山居右边。春山夏山用湖石，秋山用黄石，冬山用宣石"。假山竣工，凸显宋代郭熙所言的"春山淡冶而如笑，夏山苍翠而如滴，秋山明净而如妆，冬山惨淡而如睡"之意境。作品完成后，那个先前不愿意伸手与韩良顺握手的日本专家向韩良顺深深地鞠了一躬："没想到中国年轻人有如此高的才艺，我收回我原先的狂言。"数年后，日本出版了《盆景艺术》一书，将韩良顺的"四季假山"收录其中。

韩良顺遇到的第三位伯乐是陈从周先生，他把韩良顺推向了国际舞台。

陈从周，同济大学教授，我国的古建筑园林艺术专家，20世纪50年代，他每个月都要来苏州考察园林和古建筑，常与韩良顺切磋园林假山艺术。1979年，陈从周先生参与设计，韩良顺先生进行了假山的实样堆叠，为美国大都会博物馆建造了"明轩"项目。该项目是中国为国外建造的首座传统中国园林，陈先生则成为将中国园林艺术推向世界的第一人，韩良顺自然成了将中国山石文化传到国外的第一位匠艺家。

1979年，北京钓鱼台国宾馆进行园林建设，外交部将韩良顺借调到北京。

韩雪萍与父母在韩氏家族参与建造的叠石项目园林

　　1984年韩良顺正式调入北京。"当时北京钓鱼台国宾馆作为接待外国国家元首的主要下榻的地方，园林环境直接影响到国家的形象，有关部门就想把我父亲从原来的借调转为正式调入，苏州方面自然不愿意放人。直到中央约谈了苏州市主要负责人后，我父亲才得以留京。"韩雪萍说。

　　听着韩雪萍讲起父亲的故事，深感中国山水造园掇山技艺之久远与奇妙，历代文人、专家、匠艺师不懈努力，以对山崖、洞谷、山脚、山顶等形象和各种岩石的组合，及土、石、植物结合的特征融会贯通，创造出雄奇、峭拔、幽远的园林意境和假山作品。

　　韩雪萍带来的第二本书是《假山解析》，作者冷雪峰，韩雪萍的

丈夫。著作是2014年出版，百余万字，图文并茂。"世界上没有哪一个民族像我们这样喜爱山。樵夫猎户靠山吃山，文人骚客啸咏河山，帝王封禅，民间祭山，炼丹求道藏身于山，看破红尘遁迹于山……似乎每一个人都有往山里跑的理由。如果不能把家搬进山，就把山搬进家，这就是假山。"冷先生和韩雪萍夫妇都是学语言文学的，本以为这么专业的《假山解析》会很枯燥，一页页读来，竟然品味到各个朝代关于山的优美诗句，整个著作旁征博引，知识容量巨大，可见作者博学古今，很不一般。

好书是用来品的，冷雪峰的《假山解释》值得煮茶、焚香后静静细品。

寻访父辈的足迹

韩雪萍敬仰父亲很能干，其实她自己也非常能干，称得上巾帼英杰。

三十五岁那年，她创办公司承传韩家的叠石技艺。

第一个项目是1999年，中国银行大厦，由八十四岁的著名美籍华人建筑师贝聿铭先生设计。中国银行大厦为实现贝老的假山景观创意，找了几家大型设计院，都一致推荐了"山石韩"。时任中国银行大厦建设项目负责人的宋先生，安全意识非常强，担心假山重量会伤害到下一层的楼板。军人出身的他似乎对面前这个"小丫头"不是很放心："石头从楼板掉下去，我'枪毙'你！"

韩雪萍当然不会让假山把楼板压垮，她向建设方要了每平方米的荷载参数，贝氏设计公司请了美国专业的结构设计公司计算出了所需数据。

　　"叠石，不是随便找个安装公司把石头几号对几号堆砌在一起就行，叠石有其自身的艺术性。为了安全，我雇用了吊车，租了一批枕木，在枕木上面再放钢板，分散重量，又令吊车支脚支在下梁上。吊车是三十五吨，最重的石头是十四吨，近五十吨的总重量，瞬间的力有可能会使楼板掉下去，因为那个楼层下面没有柱子。我想他们给的数据应该没问题，我担心的是施工的质量和施工中有可能出现的突发情况，做那个项目当时也是挺紧张的，方方面面都要考虑周全。当时建设方的领导也都在场，都捏了一把汗。"

　　叠石行有个规矩，和我国很多匠艺的规矩一样，传男不传女，韩雪萍想，不传我，我找个女婿得传吧，于是韩雪萍的父亲收了个关门徒弟冷雪峰。"我丈夫悟性好，他做我跟着，我爸教他时，我也跟着学，在叠山上的技艺，我们传承发展，在我爸技艺的叠山基础上有所发挥。"

　　韩雪萍和冷雪峰在北京携手建造了许多园林作品，比如奥林匹克森林公园、国家大剧院等地方的叠石景观。

　　韩雪萍说："现代园林面积比较大，奥林匹克公园的假山就不能用太湖石，太湖石有孔洞，适合小环境，四五亩地还行。如果是个五六万平方米的地方，使用瘦、漏、透的石头就不合适了。叠石呈现出来，从审美上起码要好看，北方可以用房山的碳酸钙那种石头，没有孔洞，像花岗岩，是山皮的石头，人工加工后，舞台化一些，像人

145

韩雪萍与美籍华人建筑师贝聿铭先生在施工现场

上舞台化了妆一样。自然界的山雄伟，搬回家一部分，就不好看了，通过工艺加工后，视觉效果还要跟自然界的山一样，这是审美艺术角度问题。"

　　如今，韩雪萍边走边记，循着父辈的足迹，凡是祖上过去修建过的叠石项目，她都重新走访一遍，她担心奶奶以前讲得不准确，父亲现在年岁也大了，回忆的东西有遗漏和偏差。她边走边记，到现场拍照片，到档案馆查阅资料，由此得到很多新的发现："有一次我去刘庄，即如今的杭州西湖国宾馆，发现这个刘庄有过很多故事，清末时，庄主曾资助过孙中山二百多万元经费，刘庄的老板本身是广东人，进京赶考的时候路过杭州郭庄，想见郭庄主人，傲慢的郭庄主人知是赶考举子不见。自此，刘庄老板心里埋下了种子，说将来我要盖个园子比你的大。这个刘庄的庄主就是清末的刘学询，他是李鸿章的第一幕僚……"

行走在造园的往事里，韩雪萍为每一个发现而兴奋。

神奇的"不明飞行物"

　　红墙黄瓦老皇城，青砖灰瓦四合院，豆汁儿焦圈儿钟鼓楼，蓝天白云鸽子哨。要说四合院是老北京图腾的话，那鸽哨就是四合院的图腾。要说老北京对什么声音有念想儿的话，那么鸽哨无疑是老北京的念想儿之一。

　　鸽哨又叫鸽铃，"鸽铃之制，不知起于何时，其原料则以竹管、苇节、葫芦等为之，上敷以漆，利用空气之吹入，而宽仄其哨口，大小其容积，从而声音有强、弱、大、小、高、低、巨、细之不同，于是其形状名称亦异，约数十百种也。某人制者，则于其制底端，刻一二字以别之，其所刻颇精，千百数如出一手……制铃名手，有所谓'惠''永''兴''鸣'者……"鸽哨制作不仅涉及手艺，还涉及音乐、饲养等技艺，这与鸽子这一"活体"相联系的匠艺是北京手艺里的一门独到门类，何永江不但要制作鸽哨，还要熟络鸽子的饲养技巧。

　　"做出来的鸽哨，得用鸽子试效果，我们以前住南城，已经没办法养鸽子了。"北京市鸽哨制作传承人何永江说。所以后来，何永江和老伴尚利平住到了河北大厂。

听王世襄吹笛子

　　旧时北京水源丰沛，"南有二闸河，北有菱角坑"。昔日菱角坑在朝阳门外北护城河边上，三面环水，西边靠护城河，菱角坑里长有菱角、莲藕、老鸡头……鸽哨传承人何永江的师傅王大爷就住在菱角坑的北坡上。菱角坑现在是白家庄小学。

　　"1962年，我十多岁，每天去王大爷家玩。"王大爷就是王永富，住在朝阳门外吉市口（原叫鸡屎口）八条下坡。后来他住的菱角坑成了菜园子，他就在菜园子门口看地，也是守着他的师傅"永"字鸽哨小永的坟地，按家族辈分，王永富是小永的侄子。

　　当时不仅何永江每天来找王大爷，大人们也来找王大爷玩，这些人玩的东西都是有名堂的，这几个人物也都是北京能挂得上号的。他们往炕上摆上炕桌，盘腿一坐，桌子上几杯小酒、几个鸡蛋、一点儿数得过来的花生豆、一两片熟肉。虽然不多，但在当时这些吃食也算是稀罕玩意儿了。

　　来人一个是为传承老北京的玩意儿下得辛苦的王世襄。

　　王先生一米八几的大个子，特和气，骑着一辆二十八寸的加重自行车，自行车后架上长期绕着一根长绳子，黑色的，还有口袋，为的是遇到拆迁的地方或者遇上要买的东西捆绑起来方便。他什么都捡。有一次他骑车来了，自行车后架子上捆着东西，见了何永江，开始考他，说："小伙子你过来，看看这是什么，人家扒房子，这是盖房子

时候钉阴阳云儿用的（就是把红色、蓝色的布用个铜钱钉上），过去盖房子的时候往檩条上挂的，你看这个钉子，这叫枣葫钉。"王世襄说是要考何永江，其实他自己一股脑儿地全说出来了。

"他舍得花钱，舍得搭工夫，甚至长途跋涉，风餐露宿亦在所不辞。为了研究玩物的底里，又与许多平民百姓交朋友，虚心请教。"何永江回忆道。

来人中还有一个是体格魁梧的吴子通，鸽哨"鸿"字的制哨人，生于清光绪二十年（1894年）。1962年时，吴子通家住朝阳门外吉市口七条，当时胡同口就一两家，他住在东北角几间小破房子里，就一个人。"三十余年中，除专为制火绘用的葫芦、二筒、三联、五联及七星至十五眼，每种均分大小五号，各制一对。"

而何永江与这三个爱玩的大人在一起，听到的、学到的，都是关于鸽哨的技艺。另有一个人，也会来王大爷家，他叫陶名佐，鸽哨"文"字的制哨人。

何永江称为王大爷的王永富，是鸽哨"永"字的制哨人，几个人曾有合影。何永江说："照片是在东四照的，山门外边有两个大石狮子，路北是东四照相馆。1964年左右照的。陶大爷和吴大爷都是1968年过世的，陶名佐是年底，吴子通是秋后。"

为了定鸽哨的音，四个人便各执了乐器。"哨子'鸿'字的吴大爷吹，我王大爷拉胡琴儿，王世襄吹笛子，他们找一个调儿，定鸽哨的音，就是对五音。但是他们又天天打，争执起来没完，一生气散了。"何永江回忆起那段往事时说。

王世襄管王永富叫二哥，他们经常为鸽哨的事儿争执，虽说上次

何永江制作鸽哨

是生着气走的，等王世襄再来的时候，依旧是自行车上搭着个兜子，买了酒菜放在兜子里，自行车支在院子里以后，进门就说："二哥气着您了？"一个小炕桌，开花豆、花生米、茶叶末儿，酒瓶子上没有盖子，就塞个老玉米骨儿。那时候穷，王世襄能带了吃喝来，几个志同道合的人便自成了京城的鸽哨沙龙。

"王世襄是汉族人，管我叫小伙子。有一次铁皮炉子里的煤火正旺，小氽里的水很快就开了，我正要给炕上的王世襄、吴子通和王大爷沏水，王世襄赶紧挪到炕边说'小伙子，我来！别烫着'。他伸手接过小氽儿后，又顺手抓了把花生米给我。王大爷满族镶白旗，管我叫小子儿，吴子通是回族人，管我叫小宝，他一辈子不抽烟不喝酒就

151

喝茶。他们几个老人儿都比较疼我，我坐小板凳上，不上桌，什么都给我吃。"

小孩子不能上桌儿，每每此时，何永江就听了师傅王永富的安排，拿个小板凳坐在地上，挨着炕沿边，听大人们说鸽哨的门派和研究鸽哨的做法及发声。

20世纪50年代末60年代初，何永江经常饿肚子，王大爷看在眼里，所以只要王大爷做了鸽哨，卖了钱，就带着何永江去堂口沈家小吃店吃京东肉饼，要不就吃白米饭煮成粥的烩饭，大黑碗，王大爷要上两碗，再要二两酒，然后说："小子儿，你赶紧吃，你两碗都吃了，我没有了，人家还给我的。"何永江说："我王大爷手巧，会全

何永江制作的鸽哨

152

灶，他给饭馆垒灶，人家饭馆就特别照顾他。锅台里是炕，垒灶台也有口诀：'门口低一手，猴子眼高一手，垒完灶能卧个狗，点火儿就往里走。'这个口诀的意思是烟筒要带风斗，通风的'猴子眼'要带'舌头'，避免返烟。"何永江说起王大爷对他的好，便滔滔不绝。

　　"想起师傅就掉眼泪，他晚年患病，无人照料，我在河北大厂这边插队，那时候知青不让回城，我们村村口有个白庙桥，那是个有人值守的桥，如果没有大队开的介绍信，就过不去。每次都是好说歹说开个介绍信，然后骑车三个多小时，赶回城里师傅家，给师傅洗了衣服，用炉子烤半夜，第二天赶紧再骑车回来下地干活儿。我那时候二十一二岁，身体好。每次回去总想给师傅多带上点吃的，但是大队有规定，也只能拿上白薯、老玉米什么的，不超过十几个，棒子面别超过十斤，才能过那个有人检查的白庙桥。"何永江动情地说着，眼里噙着泪水。知青年代给了何永江他们一种精神、毅力、无私和感恩。如今他也步入老年，更是常常怀念少年时期师傅给他的那些点点滴滴的爱。

老祖宗的玩意儿给多少钱都不卖

　　北京鸽哨享誉国外，何永江的手艺也被很多国外鸽子界的人所知晓，德国、比利时等国家邀请他去，一些外国人追到他家里讨教。《人民日报（海外版）》《光明日报》《北京晚报》等很多报刊报道了何永江的鸽哨文化。2017年2月北京庙会上，来了七八个人，有利比

亚、比利时、德国的，他们认识了何永江，一定要到何永江家拜访，鸽哨成了与国际友人交流的媒介。德国国家电视二台曾经报道过何永江的鸽哨技艺。

曾经有德国人找到何永江，让他开价儿，他们要全程拍摄手工制作鸽哨的过程，何永江说："我爱国，不卖老祖宗的玩意儿，拍几个步骤行，开多少价儿都不卖。绝活儿、技术一点都不能出卖。"

当初王永富在京城剜鸽哨名气很大，喜欢老北京鸽哨的外国人慕名而来，想求得一把"永"字鸽哨。但他不喜欢有的外国人总是想通过金钱诱惑来偷到'永'字鸽哨的绝活儿技艺，这让王永富恼火。王永富的想法和做法总是出乎别人预料……王永富就是看不惯为俩钱，低头哈腰地让人家褒贬。"绝活儿就是绝活儿，为啥让人家数落来数落去的。好玩意儿就是好玩意儿……求人家，吹牛吹得那么大，有劲吗？鸽哨就是老北京的，谁也夺不去。"何永江和师傅一样，恪守"永"字门的规矩。

北京城记忆里最美妙的声音——鸽子哨，有英国朋友戏称其为"不明飞行物"。这个奇妙的"不明飞行物"，承载了多少老北京人的情怀，也承载了何永江一生的追求。

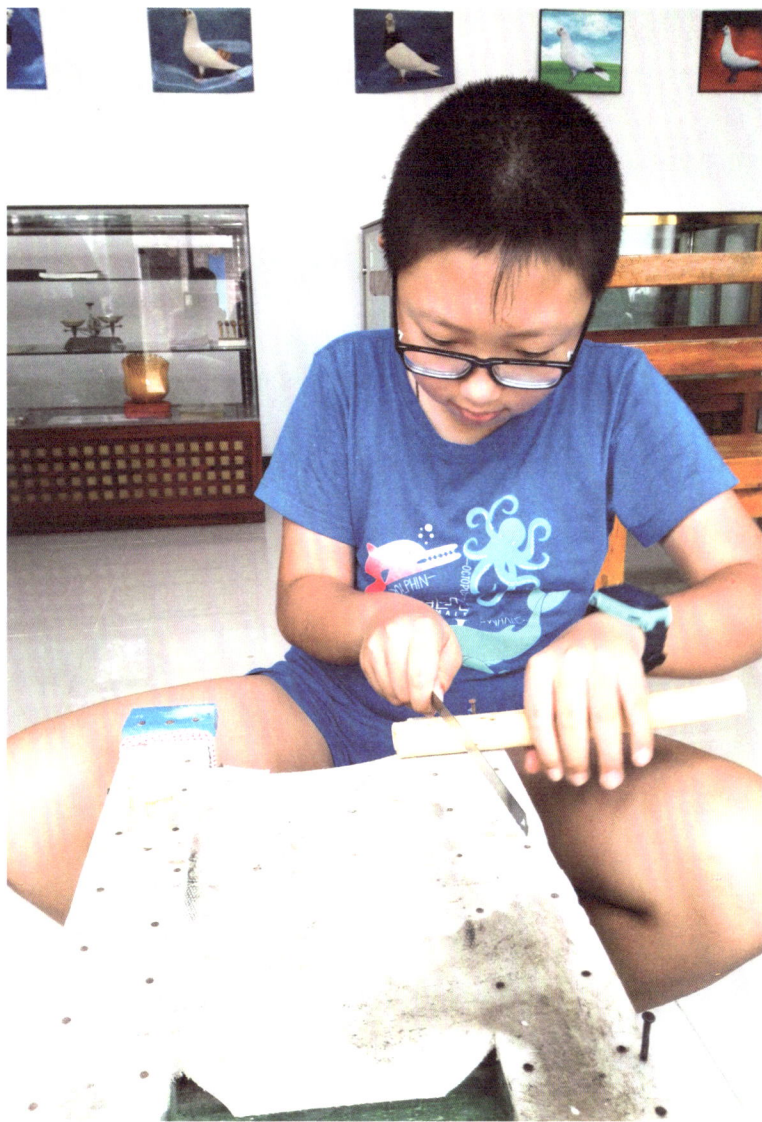

何永江外孙十岁，学习鸽哨制作

手上捏出众生相

　　老北京的市井众生，在冯海瑞的手中活灵活现起来；民俗景象跃然而出，带着色彩和声音："新年不夜城，通宵闹花灯；火球灯，吉利灯，五彩缤纷绣球灯；狮子大张嘴，点头是羊灯，出将入相走马灯，五谷丰登庆太平。"

　　"扑扑瞪，玻璃造，吹玩时有技巧，轻缓吹，气儿要匀，气猛一吹准放炮。"这是冯海瑞老先生写的老北京街上卖琉璃喇叭扑扑瞪的顺口溜。

　　冯先生是捏老北京面人的，先生喜欢捏好一组面人后，给面人配上首应景的顺口溜。

　　从前，冯先生捏扑扑瞪场景的面人之前，先到街上看卖扑扑瞪的小商人给孩子们演示怎么吹扑扑瞪，有时候他自己也会买上一个，回家试着吹。

　　脑子里构思好了，用铅笔把想表现的人物、场景起稿画下来。

　　面人捏出来是彩色的，色彩怎么搭配呢？冯先生在起好的纸稿上涂上色彩，看看搭配是不是好看、舒服，民俗味儿足不足，这样平面的设计就算有了，通常他会把平面设计图贴在墙上，站出一两米，仔细观察人物搭配、场面安置，哪儿有欠缺，用铅笔修改。

面人制作好以后，在送交展览或给定做方之前，他都会用1975年买的一台海鸥牌小相机，把每个作品都拍上一张照片，留存起来。

面塑是民间艺术中带有表演性的艺术形式。清末，山东面塑艺人沿京杭大运河来到通州，通州人汤子博对这门手艺兴趣浓厚，把他掌握的国画艺术和面塑艺术结合起来，他把传统的举签式面人变成了托板式面人，使得街头的玩偶成为摆件，具有了案头艺术的特质。"面人汤"第三代传人是冯海瑞。2013年，中国工艺美术协会向选出的七位民间工美大师颁发"终身成就奖"，冯海瑞名列其中。

"面人，是咱老北京的一种手艺玩意儿，算是民间雕塑，是把糯米粉和面粉加彩后捏塑成人物、花卉、动物什么的造型。过去白云观、白塔寺、护国寺、东岳庙、蟠桃宫等地界儿的庙会上，都有捏面人的。起初都是插棍面塑，多为孙悟空、猪八戒等形象，主要是为了逗孩子们玩儿的，后来面塑就不用棍子了，捏完能直接搁在平面上，艺术性也高了。"冯先生说。

天桥听戏

冯先生自小爱听戏，过去听戏的地方是茶馆，老北京茶馆也是分三六九等的。

野茶馆，是进城来的农民歇脚儿的地方，一般是在城门边上。郊区来的人走累了，到城门口休息一下，吃点干粮，要点茶水，茶叶不是什么好茶。

157

大茶馆，就有档次了，就像老舍的话剧《茶馆》里那场景，富商啊、提笼架鸟的才喝得起这里的茶。冯先生曾经给北京的老舍茶馆捏过茶馆面人系列，还原当时的茶馆风貌，不仅面人是冯先生捏的，根据对方要求，连展示面人的展陈架子、背景等都是冯先生一手制作的。

清茶馆，是票友聚集的地方，有唱戏的，有乐队伴奏的，还有到这里蹭戏的。冯先生经常到清茶馆蹭戏，上天桥书馆听书。"听书过瘾，勾上就麻烦了，正听到举刀要杀人的时候，说书的来个'且听下回分解'，人是死了活了，就想知道。这些听众的神态、心理，我都琢磨透了，捏面人的时候不费什么劲儿揣摩，都是自己经历过的。"

老北京过去城边有卖饽饽干粮的，有做手艺的，有攒活儿的（就是瓦匠等工头接了活儿后，到城边来找工匠，那些应活儿的），还有卖酒、卖茶、卖小吃的。这些给冯先生带来了不竭的创作源泉。

冯先生喜欢画画，画戏人，最喜欢画大花脸，把学到的画风用到面塑上，既夸张又耐看。

冯先生除了跟师傅学面塑技艺，还特别注重搜集资料，戏剧人物服饰资料、老北京历史资料、民俗生活资料等。他也喜欢不同风格的民俗绘画，感觉适合面塑的形态，就借鉴到面塑创作上。

给年景民俗面人配诗

怎么就想起来给捏好的面人配诗呢？

一次，冯先生带着面人到东岳庙参加展览，他在展柜旁边表演怎么捏面人，一位老人带着小孩来到展柜前，老人给小孩讲自己小时候的老北京是什么样子，因为冯先生捏的面人基本都是老北京的民俗，吸引着这位参观的老人，冯先生看着老人回味无穷的样子就想："这么个小面人，过去是个小玩偶，如今我做民俗题材的内容，对参观的老人触动这么大。现在孩子有老人带着能知道面人的意思，如果是单独来参观的孩子呢？不如，每组面塑，都来个简单的说明书吧，以前中国美术馆马先生收藏的时候，我写过简单的说明，四句话就把作品内容说了出来。不如就采取配诗的办法，以后每个面人都写个说明签。这样现在的年轻人、孩子们一看就对每个作品都能了解了。"

自此，冯先生每捏一组面人，都配上一组诗。冯先生在床头预备了一个巴掌大的小本子，一个铅笔头，每天休息前，脑子静下来，就想上几句，过两天觉得哪儿不合适，再修改修改，原则上是让人一看到老北京民俗系列的面人，再读上旁边配的诗，就了解老北京过去这项民俗的意义。

老北京旧时过年前，街上都有卖年货的，冯先生便捏了面人《卖绒花》配诗文："买绒花过新年，福禄寿喜样样全。乌发贴鬓绒花戴，辞旧迎新又一岁添。"后来，冯先生又捏了面人《年画摊儿》并

第二辑

精工巧艺

冯海瑞展示他的作品图录

配诗文："年画儿来自杨柳青，木版水印套色精，吉庆有余真喜庆，福禄寿喜庆年丰。"

老北京过年讲究互相串门子拜年，冯先生便捏了面人《拜年》，内容是一座老北京四合院的大门，门外有三个童子在给堆好的雪人点鼻子、点眼儿；两个长袍马褂的成年人面对面鞠躬拜年。配的诗文是："一夜连双岁，五更分两年，新春复始日，恭贺一年安，生意财源茂，阖家保平安。"朴素的几句白话，生动地表现出了老北京的老理儿和人们的愿望。

面人进入博物馆

冯先生用面人营造的生动场景，还原了老北京的历史，深受民众喜爱，他的很多作品被视作展现了珍贵历史的藏品进入博物馆。

曾有法国朋友，先后三次登门找到冯先生，求其作品。为了更好

面人《卖灯笼》

地表现内容，冯先生用了泥塑材质。从2005年到2010年，法国的钟铃博物馆分三次，请冯先生给创作了上百件泥塑，包括民族乐器及钟等内容。

首都博物馆收藏了冯先生捏的面人《年景民俗》十四组、《天王》一组、《戏出》一组。

中国美术馆也多次收藏冯先生面人，作品内容有神话、四大天王、民塑年景。

这些公共文化的窗口，以面人的形式，展现了老北京文化。

由于面塑是用精面粉按照比例加入糯米粉，把面蒸熟了制作面塑，这就使得面人捏出来不好保存。粮食做的材质容易生虫子，美术馆等展览场馆起初不愿意收藏，后来冯先生在制作面塑原料的时候加入防腐剂，达到防虫、防裂的目的，也能长久地保存了，于是许多展览场馆竞相向冯老预订面人。

八十有余的冯先生，仍然潜心研究着面塑手艺，不断地琢磨、尝试，给自己一个快乐的晚年，也给新北京留下老北京的记忆。

金刚钻儿瓷器活儿

跟着师傅学手艺，算是师出有门，尊行门规矩，一脉而循。志愿者传艺，开创了匠艺传承的新型传承关系。

一间刻瓷作品展室兼工作室，在京城一座三十层的高楼上。

一件崭新的刻瓷作品《静·观》摆放在敞亮的北窗下一条长木案上，木案的纹路暗示着老去的年轮。

相对，临窗而坐，听一位山东女子讲述她是怎样成为北京刻瓷非物质文化遗产项目传承人的。

缘起一则滚动的广告

2014年7月的某一天，周晓明乘坐北京地铁，她看到一则滚动的广告："文化生态环境不断变迁，一些非物质文化遗产项目逐渐淡出人们的生活，代表性传承人年龄偏大、个别项目传承人数量较少，成了影响非物质文化遗产传承发展的重要因素……西城区于2014年启动'民间瑰宝·世纪传承'西城区非物质文化遗产传承志愿者招募活动，面向社会公开招募传承志愿者，与代表性传承人进行近距离体验、传习二十四课时，以便通过此举宣传非物质文化遗产保护项目，进一步完善传承人梯队建设工作，使中华民族传统文化得到更好的弘扬与传承。"上面内容是北京市西城区要进行非物质文化遗产项目传承志愿者招募活动，该届传承志愿者招募共有五个项目，包括北京刻瓷、草编、彩绘脸谱、戏曲盔头制作及北京宫毯项目。

"然后你就去报名了？难道不担心落选吗？"采访中我问道。

"我是首都师范大学2009届新媒体艺术设计专业毕业生，从大二的时候就开始自主创业，大学期间，我给酒店、会所做配套陶瓷设计，画面、器型设计都是日用的，酒店批量生产，那时候我二十岁。所以我觉得自己应该没问题。"

周晓明以前的设计更偏于工业风格，欠缺传统，她很想学点老手艺。在艺术品工业化的时代，需要与传统技艺融合，把作品设计得更有味道和特点。为追求而无畏，周晓明跑去报了名，计划是招二十五名志愿者，呼啦一下子四百多人报名，招募、考核、层层筛选，最后该年度刻瓷、脸谱、草编、盔头、宫毯五个项目共遴选了五个志愿者传承老手艺，其中包括周晓明。

"培训结业的时候，捧着证书，特别高兴，其实这是一份沉甸甸的责任。我钟爱陶瓷设计，对瓷器这种材质了解其特性，刻瓷操作起来也得心应手。"学习期间周晓明选择好陶瓷器型，设计了准备刻瓷的图案，运用陈永昌老师教的北京刻瓷技艺方法，完成了十多件作品。当现代的设计和传统的刻瓷艺术相结合后，呈现出来的艺术作品韵味较之前的单独工业化创作风格不同，周晓明感受到传统文化的无穷魅力。

陶瓷自古为上品，其魅力凛于内而非仅仅形于外。在陶瓷的浸润中，形成了周晓明沉静自若的神采。她与陶瓷是相知的，一个字"懂"，她生命的状态也融合在瓷的生命里，那源于她出生的土地。周晓明老家是山东淄博，是出陶瓷的地方，她从小学开始学习美术，有扎实的美术功底，而刻瓷又跟她所学的专业息息相关，让她很容易就接受了传承。但推动她不遗余力地去融入，更主要的原因是她看到当下社会很多年轻人心态浮躁、快餐式消费，这对传统艺术的传承十分不利，得有人愿意去弘扬民族优秀文化。正是这诸多因素汇集，成就了今天的周晓明。

周晓明掌握刻瓷技艺纯熟："錾刻的时候，拿锤子的手很关键，手指合一拿捏好力道，錾刻过程一定要速度均匀，这样才能保持深浅一致，把作品刻好。"

刻瓷就是匠艺者在烧制好的瓷器上刻字或刻画的技艺。北京錾刻中有刻瓷、刻铜、刻竹，被称为三绝，而刻瓷技艺需要的技能更难，是用钻石制成的金刚刀或合金刀在瓷板、瓷器的釉面上，錾刻素描中、国画或其他绘画图案的技艺，被赞誉为在瓷面上"绣花"的艺术，需要技艺者有相当的绘画水平和审美能力，可以说是以刀代笔的书法绘画，同时在精薄的瓷器上刻花操作难度大，因此寻找传承人非常困难。而周晓明有胆识步入这一行列。

周晓明正在创作

师傅陈永昌

北京刻瓷手艺以办班的方式传承，早已有之。

1959年，北京市工艺美术研究所编写了一本《北京刻瓷》的小册子，文中介绍，清初，皇帝喜欢明清两代的精美瓷器，并喜欢在瓷器上亲笔题写诗词，但墨在光滑的瓷上极容易掉，于是出现了雕刻御制诗词的艺术加工手艺。乾隆时期"造办处"聚集了各地能工巧匠进行艺术创作，很快从诗词发展到山水画等题材的艺术作品。清光绪二十八年（1902年），顺天府府尹陈壁承办了北京工艺学堂，学员半工半读，有各种工艺课程，其中包括刻瓷，有二十多个人参加学习，老师是从上海请来的。清末，学堂解散，此后在北京从事刻瓷的就剩下俩人了，一个叫朱友麟，一个叫陈智光，陈智光后来离开这个行当，此后只剩下朱友麟。中华人民共和国成立后，改行多年的陈智光重新回到刻瓷行。1957年时，俩人被聘为北京市工艺美术研究所的研究员。

陈智光便是周晓明的师爷。

陈智光有个儿子，叫陈永昌，1957年调入北京市工艺美术研究所随父亲学习刻瓷技艺，陈永昌通过西城区志愿者传承人招募后成为周晓明的师傅。

陈永昌自幼得到父亲亲传，工笔、写意相结合，创作的《松鹤图》在1958年故宫午门举办的工艺美术展览会上得到赞誉。陈永昌不仅继承了父亲传下来的技艺，还推动了北京刻瓷技艺的发展。"陈永昌是陈智光的儿子，自幼随父亲学艺，他除了继承家传的刻瓷艺术外，20世纪80年代后期又研制出内刻工艺。这种新工艺一经问世，立刻受到欢迎，这是陈永昌对父辈刻瓷工艺的新发展。"（《当代中国工艺美术群星谱》）。

北京有一批手工技艺融合了家族式传承和社会群体传承方式。北京刻瓷也有社会传承的艺匠。"从北京刻瓷的发展过程不难看出，其技艺是由宫廷走向民间，其传承是由官办工艺学堂聘请教师教授，成为不同于家庭传承和师徒传承的一种社会型、学校式传承，它的特点是技艺的传承更社会化、专业化、系统化。"李俊玲在《北京刻瓷》一书中写道。

陈永昌现年七十八岁，周晓明和师傅经常在一起探讨刻瓷的技法和艺术风格，双方能碰撞出火花。陈永昌先生懂传统技法，周晓明懂现代陶瓷技艺，师徒双方合作推进北京刻瓷艺术的发展，均是为了能让老手艺在现代社会状态下存活下去。"如果不进行创新，很难延续下去。"周晓明说。

境遇之中求变

摆放在桌子上的盒子里有五样东西，两管色彩，三样刻瓷工具。

"毛笔画，把图案勾勒到盘子上，使用刻刀和錾刀，两种刀具变换使用，形成一个肌理的浮雕面，然后上色，根据画面深浅着色。"

周晓明与北京刻瓷传承人陈永昌

社会传承，面对不同的人群，普及刻瓷文化的难度不同，所采用的方法也有所不同。比如对社区的阿姨叔叔进行技术传承就比较难，他们年龄大，工具使用起来精准度差，加上没有美术功底，对这样的人群，周晓明主要从刻瓷文化传播上进行讲座，而弱化实际的技能操作。

刻瓷技艺在校园普及，会相对容易一些，但周晓明还是发现了问题，传统的工具和用料不太便捷，她采用了现代设计进行改变。"传统的刻瓷老工具是合金的，操作起来需要不断打磨才能继续在瓷器上雕刻。创新刀具刀头镶嵌钻石，能够永久使用，不用打磨，解决了传统刻瓷工具必须打磨才能继续使用的缺点。师傅传给我的老工具，錾刻时间久了刀柄头部就开裂，我换成红木刀柄，刀柄头部镶嵌纯铜铜箍，保证刀柄能长时间錾刻不开裂。"

"你进行刻瓷工具的创新，师傅有异议吗？"

周晓明答道："一般我会事先跟师傅沟通，对于项目的创新师傅一般都很赞成。"

常言说，没有金刚钻儿，就别揽瓷器活儿。周晓明先解决了工具上存在的不足，钻石的錾头，不像以前那些錾头需要边用边打磨，一阵不打磨就会钝。镶嵌钻石的工具不用磨也可以长期使用，既简便又安全，特别是进校园，况且合金刀学生自己也没办法打磨。

"钻石的刀具也便于携带出境。师傅之前去过日本，2017年我去的台湾，跟台湾的艺术学会手工艺者交流。我现场演示用的就是钻石刀具。"

171

DIY 颜料

小时候周晓明坐不住，四五岁开始，妈妈就让她学美术，天天学画画。当时还学过钢琴，最后她把美术坚持了下来。

由于从小学习美术，周晓明对颜料有特别的感情和认知，刻瓷最早用的是国画颜料，容易褪色，着色能力差，过一段时间瓷上的色彩就会褪色，后来用油画颜料，时间长了也会有些许褪色，用湿布擦也褪色。2016年，北京市文化局出资，周晓明研发出了刻瓷的特殊颜料，不用高温烧制，直接附色于刻瓷上即可实现水洗擦拭不褪色，解决了原始刻瓷颜料易褪色不能长期保存的弊端。这使刻瓷作品不仅具备审美功能，还具备了实用功能，使它进入寻常百姓家，既可以摆放观赏又可以使用，极大地提高了刻瓷作品的收藏价值。

周晓明用刻瓷与金属锻錾工艺结合创作的茶具

一个作品需要几个月时间才能完成，是不是很枯燥呢？问到这个问题，周晓明说："在创作的状态中，特别清静自在。现代社会浮躁的东西太多，人也很急躁，有很多虚荣诱惑，但我能够摒弃那些东西，刻瓷的时候特别享受、特别静。每个艺术家都会刻苦创作，我懂得在同行业中要坚持下去，付出百分之百的精力是不够的，需要付出一百二十分力。作品上也是，要能适应社会，尊重历史，敬畏自然，融人类的最佳文化和自然的最佳精神于心底，才能把老祖宗的文化传承下来，不能有悖于这个规则。"

除创作、研发、设计，周晓明其余的时间就是走进校园，她先后去了北京联合大学、中央美术学院城市学院；去了北京市第166中学、北京市第五中学，去了农科院附小、板厂小学，都是一个星期一个星期地上，连续许多次才能雕刻一个作品。

跨界融合

北京市金属工艺品厂是金属锻錾工艺，产品材质主要是铜、金、银，该项目也是非物质文化遗产项目，孟德仁是金属錾刻的第三代传人。周晓明与其合作，利用瓷器与铜结合，研发创新产品。"文创产品消费群体在四十岁左右的白领阶层，消费能力强，他们会比较喜欢传统和现代结合的器物。"

周晓明创作的作品迎合现代年轻人的文化消费，她不但研究文创产品，也研究消费群体。四十岁到六十岁这个年龄段的人，有钱了有闲了，才能有实力和时间去欣赏，这个群体的消费相对成熟，经过心里反复考证后，感觉喜欢就会买。

材质和技法的融合与创新，赋予了作品新的灵魂。

三十一岁的周晓明，满满的抱负，她喜欢材质和技艺的跨界融合，把陶瓷融合到别的材质上。刻瓷的基础器物是瓷器，周晓明喜欢研究窑变，她会去烧窑的地方亲自看各种瓷器和选定器形，"高温窑变釉，在窑炉里面自然窑变不能想象，最终瓷器从窑里烧制出来，能挑出一两个完全表达我当初的创作想法的很不容易。"

话题转到器型和图饰的搭配上，周晓明已经积累了相对丰富的经验。"'一带一路'展览评比活动，我按照自己设计的器形，做了十几次尝试，烧制完成后从中选择一两个成品，花瓶出来还没想好刻绘内容和自然窑变的花色怎么才能结合得很好，这个也要考虑很长的时间。比如器形是一个大盘子，构思图案半天，感觉器形不符合想要表达的图案初心，然后就要换。有时候盘子不行就换瓶子，看仓库里的瓶子哪一个更契合，一件好的陶瓷艺术品，所要表达的艺术内涵，型和式只是一种载体，器形要赋予道的内涵。"

周晓明创作坚持舍形取神，追求内容与材质的融合及材质和技艺的融合与创新，让作品的意境最大限度地表达出灵动与共鸣。她说："我创作时候的心情很美，作品出来后，观者的心情也要很美很舒服，观者和作者能对一件艺术品产生共鸣，在精神上能碰撞出火花，这是一个刻瓷艺术家基本的创作素质，如果只是一个器皿就没什么意思了，当下的陶瓷太多了，我想表现的核心内容是北京刻瓷技艺之美。"

周晓明刻瓷作品《梵境》

　　民艺之美以用至上，民间艺术要走入民众。

　　以前多是艺术品摆放，现在可以把刻瓷的技艺延伸到生活的实用器上，进入寻常老百姓中，只有让更多人了解才能有更多人去传播。所以周晓明创作的部分刻瓷作品倾向于生活的实用器。"民间工艺，民众的艺术，不走入民众中怎么成为民间的艺术。"

仁登寿域，和跻春台

1982年，仁和菊花白酒厂恢复传统技艺重新开业剪彩的时候，来了一位特殊的人物——爱新觉罗·溥杰。这天，他挥毫写下："莲比君子，菊咏高士；仁登寿域，和跻春台。"（吴精正撰联）。在这里，爱新觉罗·溥杰再次品尝到了童年的味道——菊花白酒的香醇，他说："我小的时候，和祖奶奶慈禧太后经常喝的两款酒，一个是菊花白，一个是莲花白。"

命运多舛

在菊花白生产车间里，见到菊花白酒技艺传承人王晓伟。王晓伟以他的努力和坚守，让菊花白这款御酒的酿造技艺得以在京城传续。

"菊花白是一款清代宫廷的养生酒，有差不多三百年历史了。原来只有住在宫内的皇上、妃子、贝勒爷才有口福享用，外朝的大臣们是尝不到的。同治年间的时候，宫廷缩编，包括在宫里造酒的太监，也在精简之列，不过皇家喜欢喝这酒，加上皇上怕这些出了宫的太监们没法生计，于是皇家的几款秘方赐给了几个可靠的太监，其中就包括莲花白、菊花白、玫瑰露、桂花陈等一批御酒的方子。拿到菊花酒秘方的太监出宫后，开了仁和字号，继续做菊花白酒供给宫里，加上

也做宫里用的一些其他东西，定期供给宫里消费，从而得到皇家的赏银和各种财物。其实这些出了宫的太监吃的还是宫廷饭，用的还是朝廷的资源，只是从业人不在宫廷编制里而已。"王晓伟说。

"仁和"老字号后来迁入海淀镇西大街，其配方及制作工艺传入一杨姓酒师手中。至清末，菊花白酒酿造技艺传到了十五岁学徒甄秀峰的手上。甄秀峰十六岁开始进宫送酒，其子为甄富荣。"仁和"老字号制酒时，宫内并不来人监督，只是每日有太监来抬酒，或者"仁和"老字号凭送帖进宫廷内送酒，宫内收酒后给回帖，帖为红色，形制十五厘米宽，三十厘米长。送酒人每次抬十几种酒，有菊花白、莲花白、桂花陈、玫瑰露等，一坛约十五斤，光绪年间最兴旺。

到1919年时，"仁和"老字号有四间门脸的铺面，酿造的酒主要卖给大户人家，如安福系人物（贾德耀）和铁狮子胡同、呼家楼的大宅门，均为定制。

到了1926年，"仁和"老字号改名"仁和酒店"。当时所用是清酒缸，只卖酒，不提供菜食。店铺内有大酒缸、大拦柜，两个散座；后来提供顾客打散酒是为做宣传，主要顾客依然是一些富户和一些社会名流。1949年前，仁和酒店由于缺少本钱，仅能维持，赊酒做代销。

1953年经专卖公司动员后，仁和酒店重新开始制酒。1956年公私合营后，仁和酒店改为饭铺，原挂于门上的老匾，形制0.5米宽，1.5米高，黑底上题有金字"玉液金波"，披麻灰的老牌匾被搬走，换上了"仁和饭馆"牌子。

技艺传人甄富荣在1978年底后，献出了珍藏的清宫御用菊花白酒的配方，后来便被选为房山区长阳镇人民代表，并被特聘为长阳酒厂

王晓伟在酿酒生产车间进行装甑

副厂长。1981年恢复生产的菊花白酒首批上市，被国家轻工部、农垦部及中国食品工业协会评为优质产品，并被选为国家首批绿色食品。产品上市当年即被香港利源长公司选中，通过香港，转销马来西亚、新加坡等地。北京市政府批准长阳酒厂更名为"仁和酒厂"，恢复"中华老字号"，并被评为"北京市优秀食品老字号""北京市著名商标"。爱新觉罗·溥杰先生生前多次为仁和酒厂题词、留诗，如"东篱寿世、绿蚁陶情""香媲莲花白，澄邻竹叶青。菊英夸寿世，药佐庆延龄。酿肇新风味，方传旧禁廷。长征携作伴，跃进莫须停"。

20世纪90年代中，由于市场经济的冲击，仁和酒厂举步维艰。

1995年下半年，仁和酒厂将除菊花白酒以外的全部资源与法国太阳葡萄酒集团合资改建葡萄酒厂，而仁和老厂，带着菊花白酒的蒸馏设备和几名职工，背负着老厂全部债务被"扫地出门"，最后被安排在一个当年知青下乡的生活基地，基本处于停滞状态。以后，菊花白酒的主要技术人员和操作工人相继退休，菊花白酒的名字虽然还不时有人提起，但实际已经失去了生产能力，陷入十年沉寂时期。

续缘御酒

2004年，王晓伟出资对仁和酒厂进行改制，组织原有技术力量，拜掌握菊花白酒酿造技艺的吴武之先生为师，开始了对菊花白酒酿造技艺的恢复，延承老字号"仁和"。在王晓伟掌管北京仁和酒业后，菊花白御酒的根脉得以延续。2008年，菊花白传统酿造技艺被评为国家非物质文化遗产。2010年，北京仁和酒业有限责任公司被国家商务部重新认证为"中华老字号"。

王晓伟说："有人总说我功德无量，其实我觉得这就是缘分，我是个穷孩子，父母都是务农的，当我考进什刹海体校的时候，全家族的人都高兴得不得了，说可出了个吃"公饭"的了，那时候父母想的就是我有个居民户口。"

王晓伟1978年出生，上小学的时候每次从长阳农场的酒厂门口路过，总会有意无意地读出酒厂的"仁和"两个字。那时候，王晓伟喜欢体育，特长是中长跑。800米、1500米比赛的时候他总能获取好的名次，从学校第一名到区里中学生比赛冠军，在北京市市里比赛时更是多次取得好名次。

"有老师看我是个运动员苗子，推荐我去北京市体校。到了体校以后，负责中长跑的老师说我个了矮，不要我。本来兴奋不已去的，一盆凉水被泼回来。我只好失望地往体校外走，突然一个人把我叫住了，这是一位柔道教练。此后我就跟着这位教练开始练柔道。"

在体校练了三年以后，王晓伟进入专业队干了七年，十年专业运动员的生涯，获得过全国冠军，还在洲际比赛中得过亚军。

王晓伟正式退役后没有选择当教练，总是梦想着能走出自己的一条路，期间做过几个行业，都不算顺手。后来赶上永定河清淤，他看上砂石料生意，赚取了人生的"第一桶金"。"正赶上那时候家门口的仁和酒厂经营不下去了，我和一起做砂石厂生意的叔叔一商量，就承包了下来。我叔叔也看好这项老北京的传统技艺。我叔叔认为京城御酒生产技艺不是哪儿都能有的，能把酒厂延续下去，不光是一款酒的生产，而是老北京酒文化的传续。"于是他把这第一桶金全部用在了恢复菊花白酿酒生产和技艺传承上。

但是2003年王晓伟接手酒厂的时候，情况却一点也不乐观。"酒厂已经停产，设备堆在屋里。厂房院落已经破败不堪。我根本不知道从哪儿下手，当时确实挺挠头的。"王晓伟如此描述当时的情况。

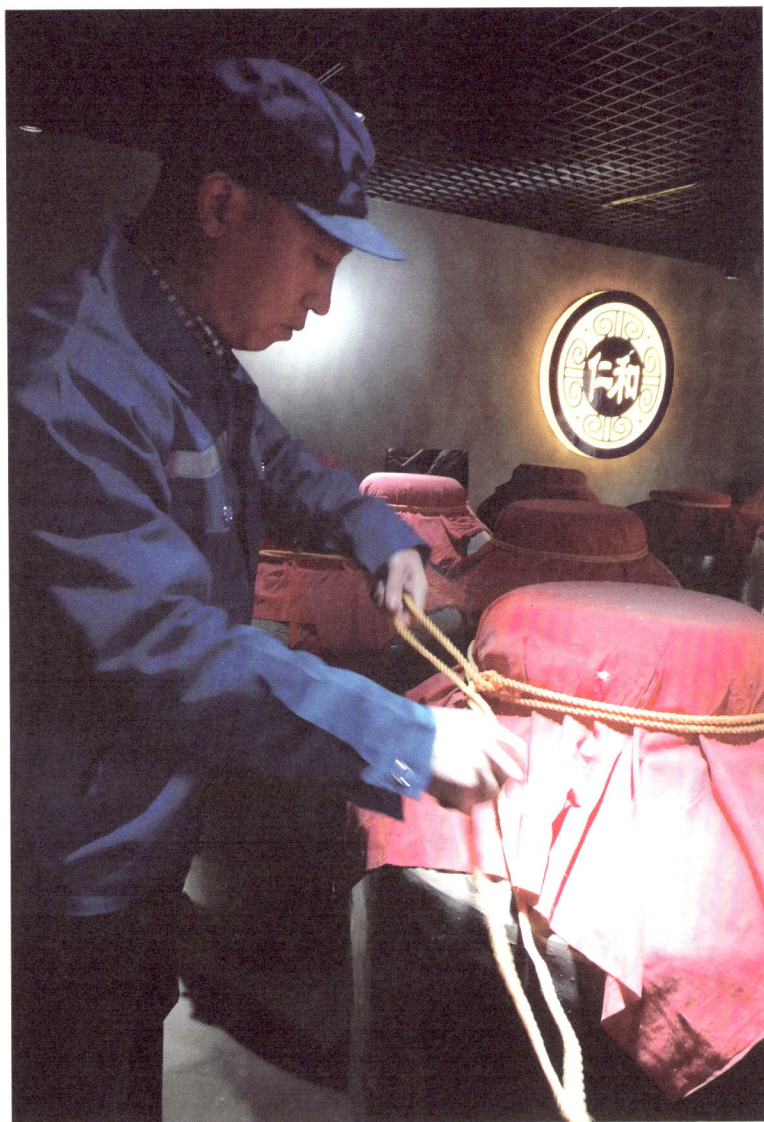

酒入缸封存

只是换了个比赛场地

王晓伟接下了一个烂摊子，要让濒临倒闭的企业起死回生，困难可想而知。当运动员的时候，王晓伟总是有着排除万难角逐第一的勇气和气魄，接管酒厂后，他继续着这份不屈不挠的劲儿。

"原本以为可以进入正轨了，却有股东觉得酒厂挣钱太慢，决意退股。万难之中，我也犹豫过，改造过的仁和酒业转手卖出去就能赚上几百万，可要是接着干下去，有可能把老本都赔进去。那阵子，我是吃不下睡不着，就是舍不得卖掉酒厂。没办法，一咬牙把退股股东的股份买下来，咬着牙鼓励自己，一定要扛过去，这就跟自己在赛场上一样，只不过是换了个对手。后来我贷了款以后，仁和酒厂也就很快运转起来。"

恪守古法，严把质量。菊花白、莲花白等宫廷养生酒的配方都是很严谨的，核心的配方和核心技术只有几位技师掌握。"这就像厨师炒菜一样，同样的原料，不一样的厨师，菜就不是一个味儿。"王晓伟恒心不改地要把菊花白的品位做出来，坚决不做那市场上滥竽充数的御酒。如今高质高价的菊花白，重新赢得人们的喜爱，古法酿制的菊花白品质和特有的文化内涵，为"仁和菊花白"注入了老北京古法酿酒技艺的传承。

做好技艺中的文化

　　走进仁和菊花白酒厂的展示室，犹如穿越进几百年前的皇城街巷。王晓伟就是想做好技艺中的文化，技艺中蕴含文化，文化中包含技艺。仁和菊花酒不仅仅包含了酒文化，也包含了中国传统的"九九重阳"的重阳民俗文化，包含了花卉文化、中医药文化等多种文化内涵。"菊花白酒师法自然，让酒和自然结合。从视觉上看，普通的药酒和保健酒都是带颜色的，那是因为药和酒是脱离的，喝下去药味没

王晓伟介绍菊花白酒酿造历史

了就是酒味。而菊花白酒的菊香、酒香、药香非常协调，酒和药相融合，入口感觉非常干净。"

菊花白酒不是常年生产的，他们是按季节生产，每年10月到来年3月，加上陈贮工序，生产周期在八个月左右。"菊花白酒用料讲究，所需原料都要细分到当时供奉皇宫的原产地，这就限制了产量。"

菊花白酒选取二十多种名贵中药悉心酿制而成。菊花是特选浙江桐乡特产杭白菊；枸杞特选宁夏中宁特级枸杞；人参——特选吉林抚松上等园参；沉香则是特选马来西亚沙捞越沉香。

酿制菊花白酒时，必须由经验丰富的技艺传承人来掌控主要工序，药材、基酒配制必须准确，蒸馏过程中的蒸汽量、馏酒速度、蒸馏时间、断尾时机也都要恰到好处。不然，会影响菊花白酒的品质，整体酿制过程中这些关键点的把握无法用仪器、设备替代掌控，所以如果没有传承人，将无法延续。

王晓伟对菊花白酒的研究可谓到了痴迷的程度，他说："菊花白酒以滋补肾阴为主、补中有泄。中国中医研究院专家评议该酒配方补益之中不失通调……沉降补益之力归于下元，其药性甘淡平和，不温不躁，益于身体健康。"

何物醇厚齿留香

自燧人氏钻木取火，我们的祖先进入石烹时代，中国饮食文化逐渐形成情趣并存、食医同源。聪慧的先民们，创造出了具有中国民族特色的烹饪技艺，回味时间的味道，便是香醇弥漫的历史。任建党是留住这历史醇香的人，香满京城。

道口烧鸡那么好吃，关键在配料上，煮制的配料秘方是不示人的，但配料可以看到，走进配料室你会发现这里比医院的药房还严格。

看着任建党夫妇给煮制烧鸡配料的精细劲儿，我不禁感叹"这不就是药膳嘛"。中国人自古讲究食补，任建党讲述着每一味药的药用价值。

虽然道口烧鸡用的十多味名贵调料中，苦、辣、酸、涩等味道都有，但经传统秘方合理配伍后，呈现的是醇厚的饱含浓郁野味的清香。之所以说香味清香还要说醇厚，是因为道口烧鸡闻着既有鸡肉沁人心脾的清香，入口又给人一种丰厚充盈的浓香感，食后余香满口，回味延绵不绝。清朝乾隆年间，道口烧鸡传人张炳从御厨好友处得清宫御膳房烧鸡秘方，采用鲜嫩活鸡、蜂蜜擦亮、油炸，并用多种名贵中药和多年循环使用的老汤，精细加工而成道口烧鸡。珍品道口烧鸡鸡体丰腴完整，色泽鲜艳，呈浅红色微微嫩黄，形如"元宝"，寓意富贵吉祥。其肉丝粉白，有韧劲，味道鲜美醇厚，咸淡适中，五香佳味。其熟烂程度尤为惊人，烧鸡出锅时，用手一抖，骨肉自行分离。道口烧鸡之香更绝，民间颂传"顺风三里闻鸡香"。烧鸡出锅售卖，不用吆喝，众食客闻香排队购买，其奇异之香竟顺风飘达数里之外，有"余香绕口三日不绝"之说。

　　任建党所传承的北京盛聚玄德道口烧鸡，延承了自家1935年至1955年在滑县开的"任记烧鸡铺"和传统的"义兴张"道口烧鸡技艺。在北京这个多民族聚集之地，任建党为了适应北京市场，在制作的用料量上有所调整，比如食盐、香料等，与河南滑县的"任记铺子"和"义兴张"道口烧鸡用料剂量上稍有不同。任建党承传了滑县道口烧鸡加工时在造型上对鸡进行整形的技艺。他将鸡整形成半圆形后，油炸再卤煮至外皮金黄，通过这种方法制作出来的道口烧鸡被称为"元宝鸡"，这契合了中国传统文化的寓意。而任建党改变了传统的"义兴张"道口烧鸡工具，使道口烧鸡技艺具有了现代快捷的特点。

烧鸡店是地下交通站

　　中国有三大出名的烧鸡，道口烧鸡、德州扒鸡、符离集烧鸡。符离集烧鸡是五十年历史，德州扒鸡是七十年历史，道口烧鸡是三百多年历史。

　　《滑县志》记载，道品烧鸡技艺始于清，源自传人张炳得好友宫廷御厨刘义亲传的"八料加老汤"技艺，《自立晚报》载，嘉庆南

第八代传承人演示手工包装

巡，水路经此，食用烧鸡，后烧鸡成为清廷贡品。

这么一家有名的烧鸡铺，曾经还是我党开展地下工作的交通站。

任建党的姥爷李法山抗日战争后期和解放战争时期是我党设在滑县的交通线负责人。李法山在烧鸡铺子学会烧鸡制作技艺，并传授给女儿李宗珍，也就是任建党的母亲。

中华人民共和国成立后，任建党的姥爷在县里是管经济（供销社）的一把手，后在"文革"时过世。

任建党爷爷家也有烧鸡铺，叫"任记烧鸡铺"，由著名导演李艳秋拍摄的电影《道口烧鸡铺》中有任家烧鸡铺镜头出现，当时任建党还在电影中扮演了角色。"任记烧鸡铺"是1935年开张的，店主是任建党

任建党选取烧鸡烧制食材

的爷爷任修真，原名任天聚，任建党爷爷1922年进入武校习武，练得一身好武艺，从师改名为任修真。1935年到1955年曾经在道口码头东门和滑县旧县城（滑县城关镇老县城）十字街东南开道口烧鸡铺。

1954年，"义兴张"第六代传人响应政府号召携其全部资产加入"道口烧鸡合作社"，成为全国先进典型。1955年，"义兴张"又并入到滑县食品公司烧鸡门市部，但仍沿用"义兴张"字号，店铺也还在烧鸡老铺地址。1956年，张和礼在河南省政协第一届委员会第二次会议上，向世人公布了祖传烧鸡技艺，得到政府的肯定。

任建党的师傅张存有说："道口烧鸡一直延续，'文革'期间也没有停业。1965年，我和祖父被邀请到韶山，在毛泽东主席的家乡制作烧鸡，当时是为了招待外国五百人的代表团。1971年，我被调到河南省中州宾馆，当时有六十个国家的大使到河南观光旅游，吃了我做的道口烧鸡。这么多年下来，许多国内外政要都品尝过我制作的道口烧鸡。"烧鸡的味道，散发着中华传统美食的醇香。

烧鸡后人的联姻

　　任建党的父母均在道口烧鸡厂工作过。其母1960年入厂。其父任长德，1959年至1968年在国家保卫部门工作，先后获得优秀班长、特等射手等多种荣誉，1968年退伍后，在安阳市矿务局任政治部主任，1980年调到道口烧鸡厂。任建党在1969年出生，1986年到道口烧鸡厂上班，跟着张存有师傅和自己的父母学加工烧鸡造型、配料等。

　　"对于贪吃的小孩，烧鸡就是奢侈品。我小时候，特别馋这一口。道口烧鸡厂家属宿舍，每到下班时间就有一股烧鸡的香味被大人们带回来，我妈一下班带回来的香味散得一屋子都是。小时候家里穷，也没什么吃的，偶尔我妈买回来一只烧鸡，我连骨头渣子都嚼了，吃道口烧鸡几十年了，现在仍然是喜欢闻那种特有的香味，还是像小时候一样地好这一口。"

　　"要想烧鸡香，八料加老汤。"八料就是烧鸡在煮制时候要加的八味药材，包括砂仁、草果、肉桂、良姜、陈皮、豆蔻、丁香、白芷。清嘉庆年间，嘉庆皇帝路过道口，品尝了道口烧鸡，使得后来道口烧鸡

191

名声大振。

一桶老汤运进京

可以说，道口烧鸡的老汤，就是道口烧鸡的声誉，即使在战争年代，道口烧鸡的后人也要把老汤装在罐子里，埋入地下，藏起来。

当初，清朝宫廷御厨把烧鸡绝技传授到道口，后来烧鸡成为宫廷御品，滑县道口的烧鸡就和京城有了不解之缘。

道口烧鸡受到国内外宾客的喜爱。20世纪80年代，道口烧鸡在和平门设店。

张存有说："任建党开辟了北京市场，经营道口烧鸡，他家之前曾经有两辈人来京开烧鸡店，1935年之前是任建党家的店铺，是他们任家本家族人任芝铭家开的，任建党祖父任天聚的哥哥任天义负责经营，后来又在北京广渠门内开设任家道口烧鸡铺北京分号，1955年到1957年陆续全部歇业返回道口。任建党当时来京重新开设道口烧鸡分店，刚开始基本靠他自己来启动。1994年夏季，他租了二十五亩地，我从河南过来，帮他垒的锅灶，我那一年在北京待了很长时间，我是看他有决心，他也年轻，我当时有经济实力了，就支持他，鼓励他要在北京一直坚持下去。夏季特别的炎热，我们搭了个棚子，就住在棚子里。从道口来了两个技师，专门帮助他来建厂。冬天工棚没有取暖条件，我冻感冒了也坚持在工地指导他，将近一年才投产的。建党这孩子能干、不怕吃苦，干活不要命。"

厂子在北京建起了，要投入生产了。任建党和张存有师傅开车先回了趟滑县老家，从张存有的烧鸡厂拉了一大桶几百年的老汤运回北京。"地方变了，正宗的道口烧鸡的制作方法不能变，道口烧鸡几百年的味道不能变，老规矩不能变。"

从河南用车拉了二百多斤老汤到京，任建党永远感激他的师傅张存有。按照他们行内的规矩，"我可以给你烧鸡，但不能给你老汤。"张存有师傅信任这个徒弟，把老汤的秘籍都告诉了他。张师傅说："光有八种料是出不了传统的道口烧鸡味道的，抗日战争时期，一年冬天老家的人都逃荒走了，我祖父就把老汤装进罐子封好放家里的地窖里藏起来，后来恢复生产，又把老汤取出来，传下来老汤很重要。"

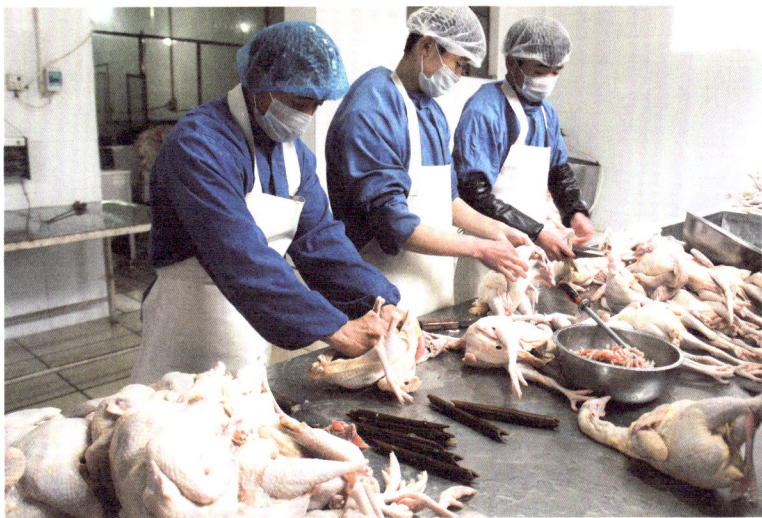

加工白条鸡

第二辑 精工巧艺

193

　　饮食文化是中国民族文化的组成部分，承载了民众情感和历史记忆。道口烧鸡从河南重回北京，不仅融入北京地区的饮食文化，还成为招待国外宾客的饮食上品。目前道口烧鸡在北京经营有二十多家店。

　　道口烧鸡的第十代传人，任建党的女儿任斐，从北京理工大学毕业去英国读研回国后，于2018年初，放弃了中国社会科学院年薪二十多万的收入，来到工厂成了道口烧鸡的传承人。继承家业后，她以现代化管理方式管理企业，使企业顺利通过HACCP国际食品安全管理体系认证，并建了消防安全管理群、食品安全管理群等不同内容的微信群，她说："食品安全最优先，产品优质三百年，异香扑鼻九万里，没有安全一日完。"所以她一上手就开始对企业实行制度化、规范化建设。美味的道口烧鸡，延绵着时间的味道。

道品烧鸡传承人（从左至右）李宗珍、焦玉兰、张存有、张艳萍

第三辑

一脉相传

巾帼上阵也骁勇

京西南大山里的南窖乡水峪村如世外桃源，老人们摇着大蒲扇围坐于古老的石碾子边谈古论今；孩子们吃着山果子嬉笑玩闹；青壮的男人们多已外出打工了；中青年妇女们在村中做着一件许多人都觉得不可思议的事儿——耍中幡。

聊起北京的耍中幡，那得说天桥的把式，惊险，过瘾，五大三粗的男人们把手中的中幡耍得如鱼得水。20世纪80年代，京西南出现了一群北京女侠，成立了一支女子中幡队。

女子不让须眉

"转……起……用力……想什么呢？不要命啦？"

一个男人正在训练二十多个女队员，他叫王金禄，女子中幡队的队长。

眼前这些女人，所耍的中幡道具十米高，四十斤上下的重量，碗口粗的中幡竹竿子，上顶有伞盖、旗、大小竿等，竹竿由上而下悬挂一幅长约五米、宽约六十厘米的布制长幅，幡顶挂小铃铛等装饰物。

2018 年 9 月 23 日，房山水峪村中幡队在中国农业展览馆举办的"中国农民丰收节"上的表演（李如拉摄）

王金禄制作中幡

中幡在女队员手中耍起来，幡幅飘动，铃铛作响。

"我们村现在的中幡，男人耍的五十斤重，女的三十斤到四十斤重，也有一些不服输的女人，敢耍五十斤重的。"

王金禄一边介绍，一边叫来两位女队员配合表演水峪中幡的套路动作。他说大约有六十多种套路呢，比如"站肩乌龙绞柱""左右大盘肘"等。

20世纪70年代末，煤矿工人、老艺人杨守齐，考虑自己年龄大了，于是将中幡通过口述教给书记王庆波，以及王金禄的哥哥王金祥。1978年，男、女中幡队一起恢复起来，后来由于煤矿招工，主力全走了，停了一段时间，1998年第二次恢复，女队最早的一批队员有郑玉翠、刘志金、冯花凤，那时候她们跟男队员一起练。

要中幡要先练基本功，掌握平衡，中幡先在胸前能托，再练单手举过头顶，等独自举幡游刃有余了，再几个队员一起互相传幡。

"开始村里穷，没钱做中幡，我就让她们每个人举个十多米高的竹竿，举过头顶十分钟不动，这是练基本功的技术动作。后来王金祥、陈玉铃、杨万辉这些村里的木匠动手给大家制作中幡。"

奋战2008的日子

"队员身材不一样，四十斤中幡，身材魁梧的能举起，瘦弱的就吃力。从个人表演到集体配合，技术和心理上都需要突破。每次集中训练都是考验，2008年北京奥运会前训练，有郑玉翠、刘志金和新招的几个女队员，开始说一周可以回来，后来奥组委通知需要两个月，女同志一出去两个月不让回家，老人、孩子、家务事儿上的问题都来了，新队员手上磨了泡，有头磕破了的，有脚受伤的。人员情绪变得不稳定。"

王金禄既要做训练员，也要做指导员。队员每天清晨五点半准时起床跑步，到六点半晨练一小时；休息半个小时吃饭；八点半开始中幡技术训练，有些队员说这是魔鬼式的训练，一些身体素质不好的队员开始动摇，奥组委规定的表演动作老队员也得从头学。

"新队员受训初期，老队员指导新队员把竿子靠在房檐上或固定物上，若是在车场上训练时，因为车场内有篮球场，老队员就让

新队员，让它们靠在篮板上。我要反复做慢动作让她们看。现在这一批村里选拔，每个人的素质不一样。且以前大家都在村里一起生活，身材上齐整，但现在她们有一部分人外出打工了，又得从村里重新选人。"

为了这支队伍能继承下来水峪村中幡的技术，王金禄白天黑夜不停地琢磨如何更好传授技巧。他还分配郑玉翠、刘志金、张雪爱、李淑芹、刘春红、蔡秀梅等老队员带新队员。

"开始的时候，我手在后边掐住中幡，再落到队员脑袋上，我只能用一个手接，辅助她们落幡。幡起的时候，队员不敢顶那么高，怕砸，我就教她们怎么用眼睛观察距离，快落头的时候，脖子一沉，然后再去接，胆量是一点点练出来的。"

队伍成功接到正式为奥运会演出的任务后，领导们一看，女队员个个晒得黢黑，就给她们找了个避晒的室内场地石花洞。石花洞里通风不好，练一会儿衣服全湿透了，队员们手上都是磨的泡，王金禄买创可贴分发给大家，吃喝拉撒睡全得管。中途有不想干的，临时又没有替补，王金禄只得白天训练中幡，晚上做思想工作。为奥运会演出训练的两个多月，他瘦了二十多斤。

"别看她们都是妇女，也有股子吃苦劲儿，几个女队员家里下有上学的孩子，上有老人，丈夫多在外面打工，每个队员都有一堆困难，但最后都硬扛过来了。我们在石花洞训练了两个多月，没进石花洞参观过一次。"

最终，2008年她们在奥运会上一展水峪中幡的风采，这成为女队员郑玉翠、刘志金、孟淑娟、李淑芹、刘春红、蔡秀梅、王新改、宋

2018 年国庆节，水峪村女子中幡队员刘志金和队员孟淑娟、赵凤云、梁素芳、王荣花等在村内训练（李如拉摄）

秀兰、张雪爱、刘美丽及男队员王金禄、王希祥、杨江涛、杨春雷、王胜忠、王延富、王占宝、王小宁、王金星、陈松、王明军一生美好的回忆。

"奥运会回来就开始传承，刘美丽和李淑琴去学校教孩子们学习中幡表演技艺，学校制作了学生用的专制中幡，小学校一年级至三年级的学理论，四年级至六年级的学技术。孩子们的中幡竿子细，有7米、2.5米两种。"

南窑乡水峪村女子中幡，已经成为京城的一道亮丽风景，村委会书记兼主任王庆波也是个中幡练家，是南窑乡水峪村中幡的非物质文化遗产代表性传承人，他说："我们一直在全力打造这支队伍。"该村的旅游公司经理李如拉说："女子中幡是我们村的活态风景。"

村歌土调诗赋弦

乡土的温暖，在阡陌上，更在耕耘这土地人的心田。心田长出的诗词歌赋，犹如吹拉弹唱着时光的梦呓，伴着深深眷恋它的人一路吟诵。有点土，却醇香浓郁。

清乾隆年间《百戏竹枝词》云："铙鼓钲锣备特悬，凤阳新唱几烟鬟。问渠若肯勤耕织，何事夸人十不闲。"

一百多年后，京南仍有人演唱"诗赋弦"。2018年5月，经大兴区文化馆赵玉良引荐，听到了这具有浓郁乡土气息的小戏，听到大兴区礼贤镇西里河村乐队七十一岁的李润生讲述从小跟父亲学拉弦的经历，也听到六十七岁的团长刘彦荣谈"诗赋弦"的代代传承。

乡村小戏

"我父亲那时候跟乡亲们，一到春节前就赶上大车到固安等地去演出，年年去。后来这被称为'三小'的戏在河北地区也流传开了。"李润生说。

"诗赋弦"演出

"三小"是指它有小生、小旦、小丑。跟京剧、河北梆子那些大剧种相比演出场地和道具不需要很复杂，演员化装也是自己村里人，戏种贴近民间，戏团人员精少，非常适宜村落流动演出。舞台、道具也简单。"弄几块门板，搭在碾盘轴上，用炕席挡住舞台两侧。那时候农村场院还没通电，就用汽灯照明，前村后店的人聚集得满满的，加上要过春节的喜庆劲儿，可热闹了。"

李润生是在乐队拉板胡的，那是诗赋弦的主要伴奏乐器。团长刘彦荣在乐队是吹笙的演奏员，老哥儿俩聊起老年间的事，满脸的骄傲。

老北京话里，说谁特忙不闲着为"十不闲"，刘团长说，这个小戏叫《十不闲》，也是指表演者连拉带唱，台上不闲着。其实主要是演出的道具和演出形式比较特殊，《十不闲》是一个人独自站在一个装有锣、鼓、镲的木架子前，连拉带打，左手夹着俩鼓槌儿，敲打单皮和大鼓，右

手拉绳儿，敲小锣和小镲，大镲的绳子系在地上，用脚踩，使之发声。在手脚并用的同时，还要独自演唱，这种一个人吹拉弹唱的精彩表演被称为"十不闲"。

传说精彩

"西里河村过去有一位在宫中养花的花匠，姓李，一天正给花儿浇水，一边浇水一边悠然自得地唱着《十不闲》，哪知让前来赏花的皇上听见了，皇上就问，说你唱的这是什么曲儿啊？李花匠告诉皇上是自己村里的《十不闲》，皇上让他再唱一遍，李花匠便开始拿腔拿调地一板一眼地唱起来，因为这《十不闲》编写的剧本是有"调"分"联"的，每句有固定字数，唱词长短不一，但都有韵脚，唱起来就像唱诗词曲赋一样。皇帝听后，即兴赐名"诗赋弦"。

李花匠放假的时候回到村里，告诉大家皇帝赐名的事，还拎回来两盏宫灯，说这也是皇上赐的，可是乐坏了全村百姓，这小戏的名声就传开了，附近河北地区也请村里人去演出。

由此，"诗赋弦"越唱越红，村子也出了名，演员特别受尊敬，戏台一搭，把皇上赐的两盏宫灯挂在台口上边的房梁上，伴奏声一起，演员一唱，让好多人着迷。不过这种灯过一会儿就得打一回气，不然光亮越来越暗。

李润生演出、创作的闲暇时间，走访村民，搜集相关"诗赋弦"的老故事，整理成册。他说："'诗赋弦'自始就是传播正能量的，

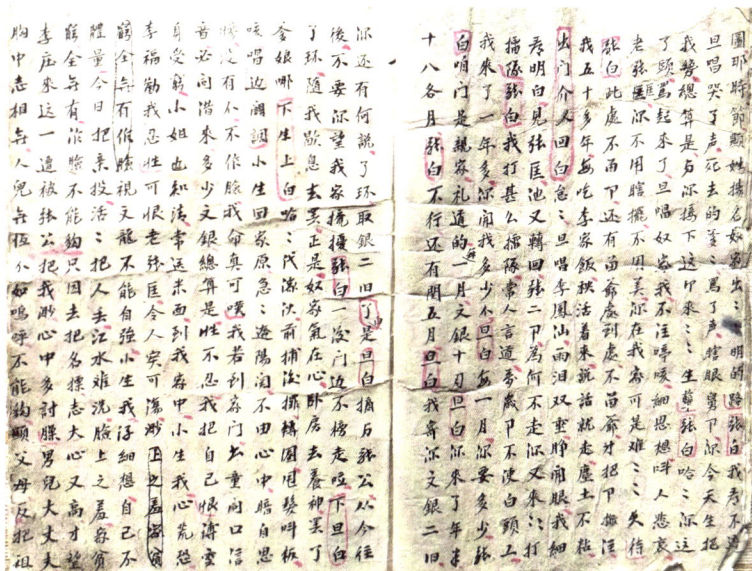

老唱本

光绪年间直隶宛平县大兴朱家务的一个落榜的秀才朱广达，弃文从商，一次到张家口去贩卖牲口，在杂货店兑换银两时被骗，血本无归，心生愤懑。又想起以前看到的社会上吃喝嫖赌等不良现象，愤然编写教诲民众的剧本，找到张家务村贾万全配曲儿，然后二人教村民演唱，并成立了同乐会，逐渐成为一个传播惩恶扬善思想的戏团。"

"连土匪、小地痞流氓都不敢来捣乱。'诗赋弦'在西里河村落地生根后，本村的教书先生、秀才等又编写了一些新剧目，像《告金扇》《鹦歌记》《龙凤配》等。"刘彦荣说。

传承有方

"诗赋弦"在刘彦荣家传承已经是第五代了，从他爷爷起，到现在他的孙女，他这一代兄弟五人，都喜欢"诗赋弦"，在团里演唱的是他的四弟刘宝荣。家里还有祖传下来的《十不闲》唱词。

"诗赋弦"在西里河荣剧团得到了很好的传承，如今能完整演出的有二十多个剧目，传统戏、移植戏、原创戏。为了让这个流传了一百多年的戏种延传下去，李润生和老伴专门用传统曲牌填新词，编排成小戏到学校普及。

"每星期一下午，教四五年级的学生，一次两个班，我老伴唱，我拉弦儿给她伴奏，词儿的内容都是保护环境、绿色出行、人身安全这些社会上提倡的。我搞创作能熬到凌晨三四点钟，兴奋了就睡不着，非写出来、唱出来不可。"

李润生创作了很多适合当下演唱的曲目《太平歌》《大四景》《梆梆鼓》《太平年》等。"我家住在礼贤，文明古镇有千年，空气新鲜环境美，又是京城南菜园。"

刘彦荣、李润生老哥儿俩，自费录制"诗赋弦"视频，做成光盘，他们说："将来就算我们没有了，还有这光盘能当研究资料呢。"

天下首邑尚武德

古都文明，大兴当首，先秦建县，至今二千四百余年，中国最早建制县之一，元明清三代"天下首邑"。天宫院五虎少林圣会，于此古邑之地孕育，武德为上，修身重礼，豪放仁德，百世流芳。天宫院之名源于金章宗到此打猎，用膳后赐名。此名却不徒有，与名同在的还有一辈辈尚武豪杰。

2018年5月，在大兴文化馆赵玉良和"非遗"部主任窦爽带领下，有幸结识天宫院五虎少林圣会的几位武侠。

天宫院五虎少林圣会的会头李景才，六十八岁，武艺精到，为第三代传承人；老艺人郭占江，七十三岁，被尊为老把式，俗话，练把儿；郭占学，郭占江的弟弟，练把儿艺人；管事儿赵玉河，六十七岁，会理会规倒背如流；武会的资料搜集整理人李俊玉，七十四岁。

荣誉的先辈

人们聊起武会，即骄傲地追溯起与赵匡胤有关的历史。"武术上，赵匡胤可算得上是一代宗师，其太祖长拳表现出了我国北方的

走会前

豪迈特性，是中国武术界的六大长拳之一。赵匡胤还首创了开山立国的太祖盘龙棍。"大兴文化馆的赵玉良也是个武术迷，谈起拳术滔滔不绝。

赵玉良这一开头，大家更是一股脑儿地讲起圣会往事，似乎那些豪杰就是他们自己一样。李景才止不住话头，说道："赵匡胤在黄袍加身之前，有一次路过董家桥，遇到董家五虎欺压百姓，向过桥的百姓强收过桥费，赵匡胤打抱不平与董家五虎一一过招，都赢了，不料董家五虎设五虎阵陷阱，把赵匡胤困住。生死攸关之时，卖油郎郑子明赶上，临危相助，与赵匡胤联手胜董家五虎。"

后来，天宫院有位叫马恒顺的人，自己不习武，却喜欢看。他请了一位师傅，按照赵匡胤在董家桥和五虎对打的故事，创制了一整套的武术表演，他在村里广招年轻村民，创办了五虎少林圣会。这种按照故事创制的表演套路按理说是竞技表演的武术，但他们与戏曲表演有机结合，几十种武术套路动作，加上赵匡胤精彩的传奇故事演绎和戏曲表演，使得传统武术结合了民间戏曲和民间花会，这种杂糅的表演方式，非常适合农村文化娱乐，独树一帜，瞬时盛名广传。

"武"与"义"精髓相融。当初，马恒顺请的传授师傅是山东人，当过保镖，家中受灾，与其母逃荒至此。马恒顺和村里的百姓纷纷周济这位山东人。后来，这位山东人在马恒顺的邀请下，把武艺传授给了村里的年轻人。为鼓励更多人习武，马恒顺则用家财承办起了武会。记得有一次出会，马家没钱了，眼瞧着一百多号人走会需要的开销没着落，马恒顺卖了秋收的花生，宰了家里的耕牛，凑钱办会。

"马家人祖辈都是宽宏大量的人，现在他孙子还是这样，潜移默化受家庭的影响，谦和，还在资助武会的活动。"郭占江介绍说。

最让武侠们自豪的是他们的前辈跟日本人交手的事。1944年，就在现在的京开高速这一带，日本侵略者在此修路，铺洋灰路铺到村里的时候，把村里的树全砍了，日本人还找事欺负、侮辱村民。这时，在村民中间站出来两个人，一个是郭占江的父亲郭俊生，一个是潘永顺。郭占江的父亲郭俊生义愤填膺，上去就跟日本侵略者交手，日本人气势汹汹，上来就摔郭俊生，武艺超人的郭俊生上去一个扫堂腿，顺手一个大背胯，干净利落地把日本人摔倒。此时，有村民上前悄悄

211

提醒郭俊生，让他卖个败招假装输，好全身而退。而另一个勇斗日本侵略者的潘永顺，他一口气摔倒了七个日本兵。但此随后，日本兵追到潘永顺家，把他捆起来活活打死了。不论结果如何，都彰显五虎少林圣会的队员不畏强暴的精神。

凝聚村落民心的武艺

五虎少林圣会艺人们个个武艺超群，是因为他们的兵器是真刀真枪、真棍子，只是刀枪没有开刃，而演练、表演的时候又加上一些表演性质的动作。

真刀真枪表演，存在危险性。棍，是白蜡杆的，十三棍必须是小独柳木的，一打起来棍能颤起来，独柳树柔韧。1979年到颐和园演出时，由于李景才穿的是塑料底儿鞋，导致在表演过程中，脚下鞋滑站不住，被对方枪头刺到左脸眉上。当时，因李景

圣会指挥

才脸上有化装，使得流血看起来不太明显，虽然有后备的角儿，但那会儿这后备的角儿没化装也没换演出服，无法上场，所以李景才只能忍着疼痛把戏表演完，后来去医院缝了七针。

"我们是实战武术，从打拳到器械，表演的时候有表演的技巧，外行人看是真的，内行人看是收着劲儿呢。"李景才说。

民间武术、花会能延传一百多年，走会和活动经费多数靠乡绅、村民们集资。自香头马恒顺后，马家从太爷、爷爷、父亲，到现在的孙子马永德一代代矢志不渝，在经济上支持五虎少林圣会。

李景才家是武术传人，从过去的"麻花李"，传到李景才的爷爷，武功精湛，外号"大刀神"，只见刀影不见人影，只听刀声不闻人声。李景才曾经承包汽修厂，20世纪80年代初，把存下的二十多万元用于五虎少林圣会的恢复和日常开销。

一个武会，带动着一个村落的发展，凝聚起全村人的心气。抗日战争时期，香头和管事一起，用四十多条麻袋把所有的武术器械包裹好，拉到村外埋藏起来，以防被日军搜到。而演出穿的龙袍、战袍各种服饰，都是村内妇女们一针一线缝制的。

一个武会，成就了一个村落的骄傲，每次外出演出，都被观众围得水泄不通。1952年到青云店参加调演，全村出动六十辆大车，旌旗摇动，鼓声雷鸣，刀光闪亮，红缨如火，一路浩浩荡荡，引得沿途村民驻足称赞。此次比赛，五虎少林圣会荣获全县第二名的好成绩。

传奇逸事、动人故事承载了人们的精神寄托，也成为他们和谐相邻、和睦生活的情感纽带。

武德为重，存仁行义，养德惠民，相传不绝。

家里家外都是戏

一家三口，喜好着同一门传统艺术，脱下军装后的一对夫妇，活跃在京城。杨强把所有的业余时间和精力投入在校园，女儿梓瑶也是一身唱、念、做、打的功夫。"一颗善心来播种，开出两朵并蒂莲。三五成群齐观看，四只乌龟保平安。绿树成荫垂两岸，鸟语花香芳如兰……"这是杨强和朋友编排的京剧《莲石湖传说》唱词。

十几个小学生，上演一出京剧，在2017年"第二十一届中国少儿戏曲小梅花荟萃"大赛上，摘得"双金"，小演员张天翊获得全国个人组别小梅花"金花"，原创剧《莲石湖传说》获得"最佳集体节目"和"最佳原创节目"金奖。把孩子们带上灯光炫耀于舞台的人中有一位叫杨强。

不忘初心

杨强十一岁进戏校，1991年分配到天津小百花剧团工作，1995年考入北京军区战友京剧团，《三岔口》和《挡马》是他的拿手好戏。此外，他还有一手拿手的好画儿——京剧脸谱。他所画的《京剧脸谱

215

寿字图》到中国台湾地区参展，得到了当地画界的一致赞誉，该幅作品后被著名歌唱家——郭颂先生收藏。2001年，人民日报社创办的杂志《时代潮》中刊登介绍了他的作品；相声大师马季先生也曾对他的脸谱作品给予了很高的评价。他对京剧脸谱艺术有着执着的追求，为了进一步提高自己的绘画技艺，后师承著名中国京剧脸谱画家田有亮先生，师爷则是我国著名戏曲作家、中央文史研究馆馆员、创作《锁麟囊》《百鸟朝凤》等众多京剧名作的翁偶虹。除画脸谱，杨强还是著名书法家米南阳先生的弟子。

2007年，杨强转业到地方文化馆，走入群众文化阵地，他把自己一身精湛的京剧表演功夫和掌握的京剧脸谱绘画技艺向民众传授。从军营到地方，杨强一路探索着如何将京剧艺术契合群众文化的特点搬上舞台，每年的全国非物质文化遗产日宣传活动，他都会别出心裁地弄出花样，他为社区模特队设计了京剧脸谱演出服作为伴舞，主唱则是他爱人杨崇艳，俩人都是从北京军区战友京剧团转业，呈现的节目自然是珠联璧合。

杨强走社区、进学校、跑幼儿园，辅导娃娃们画京剧脸谱。为了启发孩子们的兴趣，他制作了孙悟空填色画稿，耐心辅导孩子们上色，在五颜六色的色彩涂抹中，孩子们掌握了画谱技巧，有了兴趣。

北京京源学校莲石湖分校，位于莲石湖畔，莲石湖是在永定河北京段建成的绿色生态涵养郊野园，这里千百年来流传着许多关于永定河的美丽传说。

幸福在孩子们的成长中

"莲石湖分校以京昆艺术团的小演员为班底，排演了京剧《莲石湖传说》，我们一直琢磨怎么把京剧和地方文化结合，大家一起讨论故事点和发展情节，由董文和起稿创编了这出四十分钟的少儿京剧，我和学校的董艳杰老师，还有战友京剧团演员联手创编、排演，能搬上舞台，挺不容易的，我在京昆艺术团任副团长。"杨强笑呵呵地说。

看着孩子们随着锣鼓点精彩的表演，非常震撼。小演员们表演投入、神形兼备，韵味十足，精彩的翻打和表演赢得场下阵阵喝彩，掌声不断。"这是学校开展的寻找小小传承人活动之一。京剧需要从娃娃抓起，其实孩子们兴趣特别浓，练功夫挺苦，他们都能坚持。"

杨强总会被孩子们满满的信心、喜悦的笑脸所感染。"2017年，我们去江苏张家港参加'第二十一届中国少儿戏曲小梅花荟萃'集体项目全国总决赛的演出，真是各路小梅花们荟萃一堂，也是强手如云，汇集了来自全国各地的京剧、越剧、评剧、川剧、豫剧、黄梅戏等二十多个戏曲剧种，三十一个集体节目进行角逐，我们取材于永定河传说原创的新编儿童京剧《莲石湖传说》获得团体奖，孩子们的投入、付出功不可没。"

带领孩子们走入艺术的殿堂，传承中华文脉，弘扬优秀传统文化，打造校园文化品牌，需要杨强这样一批校外教育的园丁默默付

217

杨崇艳演唱《说唱脸谱》

出。杨强说："做一部成人的京剧并搬上舞台都很不容易，更别说让一群小学生演四十分钟的戏了，这其中离不开专家、顾问、教委领导的支持。我们是7月到张家港的，孩子们冒着四十度的高温，京昆团团长董艳杰、战友京剧团马连才老师和王文锦老师也都去了，我们一起辅导孩子们排练。"

2017年12月21日晚，《莲石湖传说》参加了长安大戏院进行的第八届"国戏杯"学生戏曲大赛优秀节目展演，暨京源学校京昆艺术团原创京剧专场演出——"盛世芳华"。活动由北京市教委主办，北京市学校中华传统文化促进会、北京市学生活动管理中心、中国戏曲学院承办。演员是小学二三四年级的学生，平均年龄八岁。

杨强说："京源学校京昆艺术团现在能登台演出的有一百三十位小演员，能演绎原创作品和经典京剧选段。"这其中，就有杨强的女儿杨梓

瑶。梓瑶从小跟着父亲学画脸谱，跟着母亲学唱京剧，一家三口，在家里是"三个人一台戏"，在外面也是合家登台表演，可谓家里家外全是戏。

交流、研学并举，杨强曾到天津、新疆等地进行文化交流，2017年时又随北京市人民政府外事办赴南美苏里南、牙买加、多米尼加三国进行文化交流，为国外友人带去了中国京剧脸谱和中国书法。苏里南大使见到中国京剧脸谱爱不释手。

让大众更多地感受京剧的魅力！

让青少年参与京剧文化，杨强全身心培养着梨园新蕾。

为梅花绽放，让薪火相传，展现传统文化的时代风采。

杨强辅导学生画脸谱

秉承家传遗风

"叩槌开穴，弹针刺络，竹罐拔除邪毒疗……" 孟氏刺络第五代传承人孟宪锋追忆着祖先疗病的情景，音有音的旋律，针有针的节奏，一门传承了三百多年的老手艺，在京西美丽的潭柘寺镇鲁家滩传续。

掩映在秋天西山的山峦中，五彩斑斓的枫红栌黄季节，与风景秀丽的潭柘寺、戒台寺相毗邻的一处幽静的山坡院落，孟氏刺络的传承基地就坐落在这里。

循规家训三百年

"孟氏自六十八代便有医技传家，传业遗有家训：'孟氏医家香火，当奉阳谷孟翰。孟氏刺络疗法应源出康熙、雍正年间阳谷名医孟西园，距今三百多年。'历代传人靠家传技艺生存并造福乡里，孟氏先祖于药于灸无不精熟，尤擅金针刺络等外治手法。疗效独特，颇受民间好评。在历代的医疗实践中，孟氏传人又根据清钱塘人吴师机中医外治理论，充实发展本门疗法，逐渐形成了目前的针刺、拔罐相结合的孟氏刺络疗法综合治疗体系。" 谈及孟氏刺络法传统技艺的家学渊源，孟宪锋如此说。

左起：李金凤、孟宪锋、崔荣江

中药不是喝的

笔者被椎管疾病困扰三十多年，且就医过普通针灸、电针、火针、磁疗针等各种手法，本以为孟氏的刺络法一定是一种纯针的治疗方法，不料孟宪锋打开电脑，办公室的投影大屏幕上出现了一百三十多种中药的药名和样品，于是问："孟氏刺络是在扎针治疗的同时喝中药吗？"

"看来您是真不了解我们孟氏刺络的治疗过程啊。我们的技艺是选取五十多种上好的中药材（出自古方加减）煎煮特制竹罐，然后

再用这种特制竹罐进行拔罐治疗。利用竹纤维微观管状结构，向人体输送药气，或泻或补，从而通经走络，行滞去瘀，开窍透骨，祛风散寒。孟氏刺络疗法采用循经取穴，多点针刺，微循环放血，激活人体的免疫系统，从而达到治愈疾病的目的。主治寒湿痹症，尤其对于慢性、运动性、损伤性疾病，颈肩腰腿痛，骨关节病等具有独特疗效。"

原来中药不是喝的，每次根据病人的病情，从一百三十多种药材中选取五十多种煮制竹罐，通过吸收了药性的竹罐拔到患者的病患处进行治疗。

这种方法正是孟氏刺络疗法参考了钱塘吴师机中医外治手法形成的。吴师机认为在病患用药过程中，对于其不能过量内服的中草药，可通过外用的给药途径来实现用药。这在内服的方法中是不可想象的，对中医中药的发展有着现实的价值和意义。

以身体验

孟氏刺络疗法俗称放血疗法，它的原理是刺破人体浅表毛细血管，疏通经络，达到去热、祛瘀、通经活血治愈疾病的功效。经过百余年的传承和发展，孟氏刺络疗法形成了一整套独特手法，其中包括点刺法、挑刺法和散刺法等多种手法。在具体治疗过程中，他们往往会根据病人病情不同，灵活选择其手法，并结合拔罐进行治疗。

究竟这个中医的孟氏刺络技艺是不是像介绍的那样神奇，我决定亲自试一试。

　　走进治疗室，干净、整洁。一个电磁炉上放置一口锅，里面煮着竹罐，浓浓的中药味道弥漫全室，非常好闻。

　　露出病灶部分后，先对病灶部分进行两次消毒，随后用一个黑色的两寸长顶部带有针的器具在病灶部轻刺，没太大的痛感。此后将一个个事先煮过的竹罐拔到病灶处。十五分钟后取下竹罐，竹罐里拔出了黑色的血和一些白色的泡沫。

　　经过这特殊的技艺治疗后半个小时，晕头晕脑的感觉渐渐消失，眼睛似乎也清爽起来。孟氏刺络技艺能够在民间传承三百多年，果然有其独到的地方。

探索中医的标准化

　　孟宪锋拿来几盒孟氏刺络使用的针，这种针不是传统中医使用的针灸针，而是他们自己研制的，一次性使用。所使用的竹罐也是标准化的成批量购进的紫竹竹罐。操作技艺的过程、使用加工的中药全部采用标准化管理。由此孟氏刺络技艺的治疗方法传播到了北京延庆、东北大庆、内蒙古鄂尔多斯等许多地方，使得几百年的古老技艺造福更多百姓，为中药种植、中药研发、医养结合、传统项目的传承、保护、开发提供了基础保障。

跨界巧工有大为

张大为，学的是平面设计专业，就职于某杂志社，工作之余好两件事，读书和逛集，从北京最早的官园，到后来的弘燕市场，如今必逛的是潘家园和十里河。集市，是北京民俗文化的聚集地，在这藏有古今博学的集市上，他定位着自己的人生。

张大为是个腼腆的北京男孩，儒雅中透着聪慧。我们一起逛过几次大集，都是地摊儿那种，比如岳各庄桥下曾经有个古玩市场；还一起结伴和丁知度、王小山、靳建民几位先生一起去逛过天津的古玩市场。张大为逛地摊儿慢慢悠悠，瞧瞧这个、掂掂那个，不轻易询价，一看那阵势绝对是逛摊儿的老手。

从逛摊儿得到启示

"逛也不是白逛，见了喜欢的玩意儿就想买回家继续喜欢，玩到手上才踏实。"张大为说。

由于是学美术的缘故吧，张大为有严重的"审美挑剔症"，张大为对买回来的玩意儿又琢磨上了，最后发现一些葫芦口框、扇子骨架等器物的加工手艺有的粗糙，有的比例不对，反正不是觉得这地方宽了，就是觉着那地方厚了。

何不自己动手？

2006年，朋友送给张大为一台老旧的小型加工机器，从此，张大为把大量的时间耗在了这台机器跟前。开始是做葫芦口框，后来自己琢磨着加工扇骨，修漆，雕刻。

无师自通，并不是闭门造车。张大为闲暇时间到一些加工点看别人怎么个手法，并购置了各种加工工具。

他动手加工的文玩器物都有讲究。他说："我喜欢老北京的玩意儿，喜欢精艺佳品。"

听张大为赏析他眼中的文玩器物，特别适宜品茗听弦的气氛。

他说："比如小靳的范制花模匏器香桶《寒江独钓》，一束芦苇，一位渔夫，一支钓竿，一方鱼篓。一阵寒风吹来，芦苇在寒风中簌簌摇曳，苇叶被吹向一边。芦苇下方一位渔夫头戴毡帽，身披棉衣，脚蹬棉鞋，被寒风吹得缩作一团，隐约能感觉到渔夫瑟瑟发抖带动腋下夹的钓竿微微颤动，身后的鱼篓也被吹得摇晃一般。何以在如此寒风中忍冻垂钓？不由让我联想更多，或许家中妻儿期盼果腹下锅，或许家中患病父母等待得鱼换钱诊治，或许……简单的东西要表现出意境是件很难的事情，这件掌中玩物上表现出来的意境可见一斑，细细品味仿佛身临其境，自己已化作渔夫，忍饥受冻，只为一份对家中的责任。还有小靳范制的花模匏器香桶《听松》，这件作品与上一件相比又是另外一番意境。古松遒劲，枝繁叶茂，松下卧一高士，袒胸裸足，一腿横卧，一腿直立，一手撑地，一手搭膝，颔首闭

227

目，似睡非睡，一阵微风吹来，衣带、胡须在风中轻轻舞动，松针在风中簌簌作响。细观此品，浮想连连，松外烈日骄阳，松下凉风阵阵，高士在松下纳凉听松，好一番惬意高雅之举。"

对扇子也是情有独钟

折扇在明清时为文人雅士的必备之物。折扇款式多样，材质繁多，以竹扇最为风靡。原因有几点：竹子取材方便，价格低廉。竹性优良，易于加工，不易变形。经多年把玩会温润如玉，色如琥珀。还有一点精神上的原因，中国文人把竹比作风骨、气节。因此竹扇受到大多数人的喜爱与追捧。

张大为为范制匏器扇骨做后期工艺处理，由此得到镶嵌葫芦扇骨的一些制作流程和心得体会。"制扇要通过选料、制扇、开槽、开葫芦料、打磨、镶嵌、黏接、抛光几步。选料、制扇是由制扇师傅完成，我主要完成后几种工艺。"

开槽是在已做好的玉竹扇骨上开挖出适于镶嵌葫芦皮的凹槽，工艺相对简单，难点是起线要平直均匀，铲地要平。铲地不能多，多了扇骨的力度会差，制成成扇时间长了会不抱头；铲地也不能少，少了葫芦镶嵌不进去，美观会大打折扣，一般铲地深度在0.5毫米为宜。"开葫芦料是指从葫芦上取出适于镶嵌在玉竹扇骨上的葫芦皮料，葫芦皮料分三种，自然长成的葫芦料、范制出的素葫芦筒料、为制作葫芦镶嵌扇骨而范制的花模葫芦料，靳先生的花模葫芦扇骨料就是这一

张大为加工扇骨（扇骨为靳建民范制葫芦）

种。花模葫芦扇骨料最为难得，需要根据不同扇子的尺寸设计、雕刻，范制出尺寸一致的扇骨料，难度很大，往往是百不得一。"所以张大为在加工葫芦扇骨的时候更加精心。

打磨的时候，开出的葫芦料除了保留表面的皮质，其余部分全部磨掉，打磨出的镶嵌葫芦皮像纸一样薄，灯下可透光。"这一步是制作镶嵌葫芦扇骨最艰难的一步，往往打磨过程中如履薄冰。力道大小、分寸只在一念之间，用力稍大葫芦料就会断为两截，虽懊恼不已，但也无可奈何，只能平复心境，重新开始。"

镶嵌是把打磨好的葫芦皮料镶嵌到之前挖好的玉竹扇骨槽中，打磨完成的葫芦皮料多少会与竹槽不太吻合，需要耐下心来，把如纸一样薄的葫芦皮细细修磨，直到完全吻合。

葫芦与竹扇完全吻合后就可继续下一步黏接，把需要黏接的两面擦净，用黏接剂黏合到一起。

"以上都做完就可以精修、抛

张大为业余时间进行匏艺加工

光、烫钉、装扇面，一把葫芦镶嵌扇骨就完成了。"

精工需百炼，十二年来，张大为不断地摸索，从玩家到成就了今天的精到手艺。

"做一个手艺人，为别人的作品锦上添花，也算是一种有意义的慢生活。"

薪柴之中的琉璃使者

故宫，是世界的辉煌古建筑之一，故宫古建筑上熠熠生辉的神圣与富丽堂皇则来自琉璃，它是建筑之国宝，闪耀于蓝天之下，祥云之间。京西琉璃渠村的代代传承人，犹如山柴，续燃着七百年窑火。琉璃渠村的琉璃烧造技艺是皇家琉璃制作的代表。

做一支薪柴

"琉璃渠琉璃作品，原料成本昂贵、制作工艺精细繁复，琉璃渠村的琉璃烧造技艺是皇家琉璃制作的代表，这对于研究中国传统建筑、古代文化、宗教民俗以及审美等方面也具有重要的意义。"蒋建国说。

七百年窑火不断，蒋建国便是这窑火中的一支薪柴。

在以前，琉璃渠村有个不成文的规矩。一些技术含量高的工序，如关键的釉色配方、火候控制等技术，一直由琉璃渠村人亲自去操作。因此此地有谣谚"父传子，子传孙，琉璃不传外乡人"。

但1958年出生的蒋建国这位非琉璃渠村人打破了这一规矩，十八岁那年他被分配到这里的琉璃瓦厂工作，成为琉璃技艺的传承者。跟师傅赵恒财等多位艺人潜心学习琉璃烧制工艺，四十多年来从事的是

琉璃制品中最有技术含量的"上三作"，大半生的时间埋头在琉璃的半成品制作的"吻作"上。后来，他在厂里找到了同行伴侣，岳父刘树林则是厂里烧窑的师傅。从学徒到技术质量科科长，到如今的国家级琉璃制作技艺非物质文化遗产代表性传承人，谦和儒雅的蒋建国一如既往地行走在生产第一线。采访的时候，他依旧守候在厂区。

他说对如今取得的一切，非常感恩他的师傅。20世纪80年代初期，师傅赵恒财带着他游走祖国各地的著名建筑，开阔眼界。

蒋建国（右）与师傅赵恒财（左）

大艺恢宏

　　四十二年时间，蒋建国的智慧和技艺留在了名垂青史的建筑上，他内心的美，手上的艺，让无数的人为之赞叹。许多全国重点项目的修复和复建都有他的参与，如故宫的太和殿和神武门、中国国家博物馆、北京西客站站楼、北京火车站站楼、沈阳故宫、武汉黄鹤楼、五台山琉璃塔、五台山玉虚宫、南京阅江楼、宣化九龙壁……他的任务就是对这些建筑上的琉璃构件进行修缮和制作。聊到他的这些可

京城琉璃瓦建筑（靳隆第摄）

蒋建国制模

以让世界瞩目的业绩时，他就跟给围墙砌了一块砖一样的淡然，他说："就是干这个的，这些建筑就得用琉璃，没觉得怎么样，日常工作。"

蒋建国对制作琉璃九龙壁非常精通，有为日本制作的九龙壁，为宁夏回族自治区同心县制作的九龙壁。在高难度琉璃制品的课题前，蒋建国从没有畏惧过："平心静气就做了，没什么。"在别人的赞叹声里，他却总是有点轻描淡写，似乎这些熠熠生辉的琉璃制品已经和他的生命交融在了一起。

"琉璃渠琉璃烧造技术历史悠久，龙泉务辽窑遗址出土的琉璃瓦件及制品说明在一千年前就有人在生产琉璃制品。

236

1959年时，为首都"十大建筑"建设生产琉璃构件，成了中华人民共和国成立以来琉璃瓦生产的第一次高潮。1962年9月1日该厂划归"故宫博物院"管理，名为"故宫琉璃瓦厂"，由故宫博物院原副院长、著名古建专家单士元先生任厂长。

琉璃上凝聚着所有匠艺人的劳作

"我们这儿流传一句话，叫琉璃行没有全活人，就是说干琉璃这一行，没有所有工序都熟练掌握的。这个行业分工很明确，制作就是制作工序，烧窑就是烧窑工序——岳父就是烧窑的。上色就是上色工序——我爱人是上色的。一般各工序之间不乱串。各工序的技艺是不外传的，都是家族式传承。所以才说琉璃行没有全活人。"

琉璃制作工序有"上三作"，其中包括"吻作"，负责琉璃的设计、制模；"下三作"主要指粉碎和搅泥；"窑作"是烧窑，看火候；"釉作"负责配置釉料和上釉。蒋建国的爱人刘桂凤，工种为挂釉，即给烧好的素坯上釉。"下三作"则主要承担一些粗活儿，负责粉料、沤料、装窑、出窑，往窑里加煤等力气活儿。"我师傅赵恒财是负责设计制作'吻作'，他是琉璃'赵家'的嫡系传人，他把手艺毫不保留地传授给了我，包括釉料的配方。"

《琉璃窑赵氏访问记》记载，琉璃渠村的琉璃烧造技艺是琉璃世家赵氏家族由山西传入的，此后有郭氏三代传人。

"琉璃烧造技术有依据的资料是从乾隆时期开始的，因此，我们

237

就从这里述说琉璃烧造技术的传承脉络。"蒋建国一再强调，写琉璃传承必须要写上前辈们。在他的介绍下，我们认识了这些前辈。

赵邦庆是山西榆次县人，乾隆时期主管琉璃窑厂期间，为皇家园林"三山五园"的修建、故宫历次的修葺生产琉璃制品。清乾隆二十一年（1756年）该厂为北海公园烧制了光彩夺目的九龙壁。赵邦庆在当时京西地区是一位举足轻重的一代皇商。

赵士林是赵邦庆侄子，乾隆末年至嘉庆年间琉璃窑（南厂）主事人之一。这期间，他所负责生产的钦贡琉璃制品除要印上生产年代，还要印上各主要生产环节负责人的姓名，两章同用，这在故宫内琉璃制品上是不多见的。故宫的乾清宫、交泰殿重建所用瓦件均由他负责烧制。

赵春宜是清末琉璃渠村官琉璃窑厂最后一位窑主。在他任职之际，完成了天坛、故宫太和门、颐和园等琉璃制品的烧造任务。

王立敬是清朝琉璃窑北厂承办人之一。故宫的隆宗门、太和门、熙和门等处建筑，及修建昌陵所用琉璃制品均由北窑厂制造，清王朝衰落后，家族关闭了窑厂。

烧窑艺人萧瑞稳参与了烧制南京中山陵所用琉璃制品的任务。1932年，他还参与了南京国民政府主席谭延闿陵墓所用琉璃制品的烧制。中华人民共和国成立后，他是故宫琉璃厂烧制组负责人之一，1959年，北京"十大建筑"的建筑琉璃饰件由他负责烧制。

"吻作"艺人武文志是我国琉璃制造业最早的顶级技师之一。1959年"十大建筑"的琉璃制作者之一，20世纪70年代后受聘为故宫博物院北窑技术厂长。

蒋建国正在组装琉璃构件

　　1954年，郭万龙负责制作北京西郊友谊宾馆琉璃构件。1958年，他参与了北京"十大建筑"琉璃制品的制作，20世纪60年代初，受聘为中央美术学院陶瓷系讲师，70年代调入故宫博物院工作。

　　郭占华为郭氏第二代琉璃制作传人，在北京市琉璃制品厂工作，曾参加天安门、人民大会堂、毛主席纪念堂、北京站等著名建筑的设计与修缮。郭立生是郭氏的第三代琉璃制作传人，先后参与九龙壁、黄鹤楼、青海塔尔寺等建筑设计与制作。

　　琉璃构件在中国建筑史上有着十分重要的作用，一代代琉璃技艺传承者，守护、传承着古老的瑰宝，正如古建专家梁思成先生所言："琉璃瓦显然代表中国艺术的特征。"

指尖上的国粹

京绣过去可谓是皇家御绣，也被称为官绣，明清时期，只有皇家才有资格享用京绣刺绣。宫廷造办处设有绣花局，进"局"的人都是男性。历史上因其主要用于宫廷、贵族的服饰、装饰，故由此而成名。

《契丹国志》称燕京"锦绣组绮，精绝天下"。京绣在色彩、图案、针法等艺术表现上有着皇家的严格规范，"聚缛细腻而不乱，鲜艳富丽而不俗"。京绣以真金捻线盘成图案，辅以绒线或平绣或打籽。宫廷绣品皆为"图必有意，纹必吉祥"，样式丰富，技法讲究，色彩富丽，风格雍容华贵，是"燕京八绝"之一。

跟公爹宁国玺学手艺

京绣传承者之一黄师傅故于1920年，是专门侍奉宫廷的京绣高手，掌握着宫廷刺绣的规矩和讲究，技法独特，绣技超群，黄姓师爷曾供职于造办处，没有子嗣，其义子被称"盘金黄"，以"金活"为主要技艺。清光绪二十八年（1902年），京绣高手"盘金黄"在京城

的西湖营开办绣坊，1938年，十三岁的宁国玺经胡店元的介绍拜"盘金黄"为师，并被"盘金黄"收为义子。宁国玺完整地掌握了传统京绣的图纹配色、针技绣法、规矩和讲究。"盘金黄"去世后，宁国玺继续经营京绣坊，并赡养师娘。

刘秀花的公爹（京绣师傅）宁国玺在中南海暖阁

1952年，北京市挑补绣生产合作社（1966年改为北京第二金丝镶嵌厂）成立，宁国玺受邀加入合作社。1954年，宁国玺带领京绣小队赴西安考察，传授京绣技艺。1962年，京绣作坊难以为继，宁国玺关闭了京绣坊，回到老家房山琉璃河镇，从1972年开始，宁国玺逐步传教授儿媳刘秀花京绣技艺。

刘秀花老家在涿州市高官庄乡王御史庄村，村里有养蚕的习俗，刘秀花从小跟姐姐一起捋桑树叶子喂蚕，村里家家都养上几拍子蚕，养足够一冬使用的线的蚕量。刘秀花还会染线，用染后的五彩线扎花，就是绣花。她母亲、姐姐也都是绣花的好手。她曾经绣了一个小兔子形状的粉线包，正是做姑娘时绣的这个粉线包，改变了她一生的命运。

二十二岁那年，刘秀花出嫁到房山的琉璃河镇刘李店村宁家，宁家在镇上很有名声，公爹有一幅中堂画，是慈禧太后写的一笔"鹅"墨宝。

"我公爹以前是个绣匠，大高个子，一米八左右，他十三岁进北京，在北京城里西河沿住，是我师爷（"盘金黄"）家的三合小院。清朝的时候，我爷爷跟小德张认识，我见过慈禧给写的字。"

刘秀花见过师爷的照片："师爷是个小老头，小白胡子，师爷没有儿子，住在西河沿。照片上师爷穿的清朝服饰，紫色长袍，上面有绣花，师奶穿的也是长褂，照片上一共三个人，师爷和师奶是在后边坐着的。"

刘秀花公爹宁国玺一生的爱好凝聚在一个字上——"绣"，他穿针引线了一辈子，一把的好手艺没人跟他学，偶然机会，宁国玺无意发现了儿媳妇刘秀花在娘家时候绣的小兔子形状的粉线包，说她绣得有灵性，自此把这门宫廷手艺传授给了刘秀花。

跟公爹学京绣以后，刘秀花不再去生产队下地劳作，也就被掐断

了生产队分配的粮食和蔬菜，宁国玺跟家里人说，让每人省下几口饭给刘秀花吃。在生活无保障的艰难境遇中，刘秀花一门心思闭门学艺，经过刻苦演习，熟练地掌握了"金活""绒活"的全部技法，并一直从事京绣至今，至今已近半个世纪。

"我公爹说，他的手艺来得不易，不想带坟里去，就让我接这手艺，他说那样他一世就没有罪了。那时候我跟着我公爹去过他师傅住的地方。他还带着我一起去永定门的厂子取送绣件。绣件的画稿都是厂子里给画好的，难度大的、费事的都是我公爹做。我们做的都是厂子里的样品。民国的时候，公爹开始绣，他也能自己画，他有一个类似于毛笔的专用笔，哪儿空了他就添个蝴蝶、蝈蝈什么的，他说不能别人设计什么样稿你就绣什么。有一次我们绣一块活儿，他说那样稿不符合京绣的规制，于是就在一边上添个牡丹，另一边添个蝴蝶。"

刘秀花正在刺绣

清代绣品

京绣可不是针头线脑的小事

刘秀花说："别看绣活儿只是针头线脑的玩意儿，不起眼，过去可是有被杀头的危险。因为从前皇帝、皇后、妃子、王宫贵族穿衣服和戴配饰都是有严格规定的，平常老百姓是不能随便穿衣服、戴配饰的。例如以前几品官绣什么也都有说法儿，一品文官是鹤，二品文官是锦鸡……而所使用的绣线也有讲究。绣线有金线和银线，金线分为纯金、赤金等，依据不同图案使用一至五沙金。"

那时候，每天男绣匠们都夹个工具包带着进宫的牌子进宫上班。绣工给谁绣也是有分配的，绣活儿好的高手才能绣皇帝、皇后穿的衣服，手艺水平差一点的给妃子等绣活儿。

京绣不是想绣什么图案就绣什么图案的，讲究特别多，绣品看上去要纯净以外，纹饰上有严格的规定，比如虫类，只能绣蝈蝈、蝴蝶、蜻蜓、鱼等纹饰，此外比较多的是蝙蝠、龙凤图案。有天子衮服十二章、佛像等，蝙蝠、牡丹等动植物纹样，云水等自然纹样，寿喜、八吉祥等纹样。

"京绣采用的颜色有黄、白、赤、青、玄、黑、红、绿，每一颜色都有系列色三至六种。针技以圈金、平金、打籽绣为主，其他针技如拉锁绣、平针绣、套针、钉线、网绣、扒锦等。气随针走、绣法规范，保证纹路清晰、针脚均匀，保证晕色和谐、层次分明，保证松紧适度、布局合理。"刘秀花讲起绣工的时候津津乐道，"绣活儿的时

刘秀花公爹传承下来的百年前老绣品

247

刘秀花绣品

候是享受。"但同时她依旧是不忘公爹的要求："一针一线不能差，使用料也不能凑合，缎子料，京绣必须使用库缎和蚕丝。主要是看手艺硬不硬，绣活儿的时候，你的心要和活儿在一起，仅靠看图样，不能绣得活灵活现。心随针法走。心不在焉，绣的就是死性的。所以绣的时候，心里要有鸟飞、蝴蝶飞的意念。

绣品合作社

在房山琉璃河镇地段的107国道边上，有一个"北京京都绣娘手工艺品专业合作社"的牌子。绣铺的面积虽然只有二十多平方米，但是却向全世界传播着京绣的艺术。这家刘绣花经营的合作社已经通过外贸部门出口绣品三十多年了，如今，外国人直接登门求货，有韩国、德国等国家的人。"前阵子刚给美国绣了一百个花卉图案，绣了半年。"绣品出口的国家中，如法国、美国、英国、德国等西方国家的人，比较喜欢山水、花卉等类型的纹饰。而东方国家，如东南亚国家则喜欢龙凤纹饰。

刘秀花这些年下来，创作了许多精美的京绣品。如刘秀花曾带领徒弟们一起绣了三十八个国家的国花，是她兄弟给设计的图案，绣了三个月。她曾严格按照传统工艺要求绣制过《龙袍》，耗时一年。另外，还有绣品《百子图》，取多子多福之意，绣制主要以色彩艳丽的绒线为主，金钱线点缀其间。绣制的关键在于面部表情各异、动作各异、神态各异。绣品《挽袖》以佛手、葡萄等吉祥纹样

为主，运用钉线的针法，使金银线铺排成图案，以绒线的不同色彩变换图案颜色，而绣品《九州同庆》采用传统五爪龙形，以正龙、侧龙、行龙等九种姿态统一构图，龙身以刻麟绣为主，辅助盘银以及各色绒线绣。

2018年5月，刘秀花被评为国家级非物质文化遗产项目京绣的代表性传承人，拿到证书以后，她抱着证书实在控制不住，哭了半天。她说："我一个农村妇女，得到国家这么重视，我得好好传承这门手艺。"

刘秀花指导徒弟李旺刺绣

灵心巧手剪雪花

雪花，开在郭艳霞姐妹们的手上，轻柔地，多彩地，精彩且带着中华儿女的情怀，千片万片，绽放瑶台。

平昌冬奥会闭幕式上，"北京8分钟"吸引了全球的目光，中国声音、中国方案、中国智慧、中国元素让全世界瞩目，冬奥开启北京时间。

北京冬奥会奥组委设在石景山区，把冬奥提前到2018，也是2月，石景山区民众已经开启了为冬奥堆积最美丽的雪花活动。为此国际竞赛，有人要剪2022张雪花。

浓情剪雪花，全民迎冬奥，从石景山到京津冀，从北方的北京到南方的南宁，大江南北"巧著金刀力"，只为冬奥瑶台雪。

金剪、慧心、巧手、同力，把剪纸这一中国古老的民间文化艺术，交融进一个民族对一项体育竞技盛会的期盼，"忽如一夜春风来，千片万片晶莹开"，雪花已经在中华大地漫天飞舞。

社区百姓剪雪花

"我教我孙子剪，我们队友跟她母亲学，再教给女儿。很多人是一家三代剪雪花。这个手艺不难，工具也简单，彩色纸商店也有卖的。一家人兴致勃勃剪雪花，其乐融融的。"郭艳霞说。

石景山区的广宁村街道办与设在首钢内的冬奥奥组委一条马路之隔，街道办买了剪子、彩纸，组织社区内的百姓一块儿剪雪花。

郭艳霞是剪雪花活动的热心人，每次活动后，把剪出的雪花和活动现场照片做成美篇，通过微信传播。社区百姓们的剪纸雪花款式，大多数是自己创作的。石景山区区模特队的女士们成了主力军，队员于淑华不断琢磨、尝试，创作出十二生肖雪花剪纸。她们有人负责叠纸，有人负责给老人和小孩子做画稿，也有人手把手传授剪纸技巧。

"我们要剪2022张雪花，等2022年冬奥会的时候，一定送到冬奥会比赛现场去。我们老百姓特别感谢石景山区组织的这项百姓参与冬奥的活动，特别是非遗中心的主任何京江，三天两头往我们社区跑，指导我们。"郭艳霞说。

也许无法亲自上场参与冬奥会项目比赛，也许无法到赛场观赛，但可以剪出一张张祝福冬奥会的剪纸，参与冬奥会，表达情怀。

"全民参与剪雪花，剪出雪花千千万。"

"不一样的雪花，同一样对祖国的热爱。"

"雪花飘舞，凝聚热情和力量。"

与剪雪花的社区百姓聊天，人人都在表达自己的愿望。

"暖日傍帘晓，浓春开箧红。钗斜穿彩燕，罗薄剪春虫。"郭艳霞和二十多位姐妹一起剪雪花。她说，我们要剪出一个新北京，剪出一届精彩的冬奥会。

京津冀剪雪花

河北张家口蔚县的剪纸技艺2006年入选第一批国家级非物质文化遗产保护名录；2009年10月，蔚县剪纸入选世界《人类非物质文化遗产代表名录》。

　　北京、张家口，两个2022年北京冬奥会赛事之地，让雪花连接在一起。"弘扬中华优秀传统文化，展示非遗传承技艺，书写冬奥吉祥祝福。"京津冀三地为2022年北京冬奥会，开展了征集雪花献礼北京冬奥会的三联手。北京社区百姓剪出的五彩缤纷的剪纸，天津的"唐氏邮票画"传承保护单位"小琅环邮票艺术研究院"制成的"冬奥祝福有声明信片"，张家口蔚县剪纸传承人任志国设计的"京张盛开冬奥花"，五环盛开在寓有和谐之意的荷花之中，花中有五种形态不一的雪花，"五"的数字在中国传统民俗中也具有吉祥和美好的寓意，如五福临门、五谷丰登。

郭艳霞（左）于树华（右）向外国友人介绍剪纸雪花（杨京伟摄）

五湖四海剪雪花

2018年2月，在北京市人民政府新闻办公室的支持下，来自外国驻华使馆、国际组织驻京机构、外国驻京商会等八十多名常驻京境外人士参加了精彩的剪雪花活动，各国嘉宾们兴趣浓厚，纷纷上手体验。他们感谢"北京沙龙·亲历北京"为他们打开了一扇了解中国文化的窗口。"以文化为主线，以体验为精髓"的"北京沙龙·亲历北京"已成为一项品牌活动。自2013年创办以来，活动已邀请在京外籍人士共同体验了京剧、昆曲、武术、民乐、茶艺、风筝、宫廷美食等中国文化，得到了在京外籍人士的欢迎与肯定，很多嘉宾已成为活动的忠实"粉丝"。而此次为冬奥会剪雪花，更是一次向世界各国人民宣传中国优秀传统文化，传播冬奥精神的盛举！

图书在版编目（CIP）数据

守艺·一脉延承 / 杨金凤著. — 北京 ： 北京美术
摄影出版社，2019.2
（京腔京韵话北京）
ISBN 978-7-5592-0232-1

Ⅰ. ①守… Ⅱ. ①杨… Ⅲ. ①非物质文化遗产—介绍
—北京 Ⅳ. ①G127.1

中国版本图书馆CIP数据核字(2018)第295197号

总 策 划：李清霞
责任编辑：赵　宁
执行编辑：班克武
责任印制：彭军芳
装帧设计：金　山

京腔京韵话北京

守艺·一脉延承

SHOUYI · YIMAI YANCHENG

杨金凤　著

出　版　北京出版集团公司
　　　　　北京美术摄影出版社
地　址　北京北三环中路6号
邮　编　100120
网　址　www.bph.com.cn
总发行　北京出版集团公司
发　行　京版北美（北京）文化艺术传媒有限公司
经　销　新华书店
印　刷　天津联城印刷有限公司
版印次　2019年2月第1版第1次印刷
开　本　787毫米×1092毫米　1/16
印　张　16.5
字　数　185千字
书　号　ISBN 978-7-5592-0232-1
定　价　88.00元
如有印装质量问题，由本社负责调换
质量监督电话　010-58572393